U0553084

中山大学社会工作实务系列

中山大学社会工作实务系列

主　编／罗观翠

快乐社区营造

The Construction of Happy Community

广州市启创·北京街家庭综合服务成效报告

社会科学文献出版社

SOCIAL SCIENCES ACADEMIC PRESS (CHINA)

本书编委

董沛兴　黄结笑　陈安娜　卢家雯
孙晓寒　古倩倩　张培顿　钟珊珊
冼健斯　李　翠　冯杏莹　何冬媚

序　一

二〇〇八年伊始，虽是寒冬季节，但中山大学校园里满树的紫荆花还是让人感到温馨和生意，这不由让我想到内地社会工作的发展，也想到中山大学社会工作的发展。

最近几年，内地社工事业的发展犹如雨后春笋，非常迅速。特别是十六届六中全会以来，中央确定和强调要建设宏大的社会工作人才队伍，这不仅是对内地社会工作事业发展的一种鼓舞，更是对投身社工事业者的一个鞭策。

这些年来，本人一直致力于内地社工人才的培养和社工实务的推广，并一直尝试将两者相结合。社会工作是一门十分注重理论与实务相结合的专业，基于如此的考虑，本人于二〇〇三年创办了中山大学社会工作教育与研究中心（以下简称"社工教研中心"），一方面希望学生能以此为平台实践其理论知识，提升专业实务水平和科研能力，另一方面，也希望以此为平台，进行本土社工发展的探索。

社工教研中心成立以来，一直积极开拓社会工作创新及试验性服务，服务领域涉及儿童、青少年、妇女、老人、外来工和义工等，邀请并组织了一批来自我国香港、美国、加拿大等国家和地区的资深社工来督导学生在这些服务领域进行专业实习和探索。基于服务与学术研究并轨的宗旨，社工教研中心同时开展了一系列的社工研究，包括青少年发展、学校社工、义工管理、老年社工、家庭寄养、外来工服务模式、智障人士社会适应、社工教育、

社工职业化、社会政策、服务评估等。在此种社工人才培养、社工实务推广和经验研究三结合的过程中，我们积累了一定的经验。

在推动内地社会工作事业专业化和职业化的过程中，不仅需要普及社会工作的基本知识以及理论和实务方法，同时也需要本土社工实践和探索的经验分享和总结。为国内社工界提供资讯一直是我们的宗旨和愿望，通过这些年的努力和发展，我们亦有必要跟社工界的各位同仁分享我们的实践经验和研究总结。基于如此的考虑，社工教研中心组织了一批优秀的老师进行此套丛书的编撰工作。经过各位老师的辛勤编写，"中山大学社会工作实务系列"终于付梓。

本系列丛书主要涉及学校社会工作、老年社会工作、社区工作和义工发展等专业领域。参与编写的老师不仅是优秀的社会工作从教者，也是出色的社会工作从业者，这些老师都十分注重学术研究与实务的结合，更注重香港经验与内地本土文化的融合，这一点在他们的著作中有深刻的体现。为了帮助读者在具体实务上提升技巧，达到理论与实践相结合的效果，我们还特地整理、选取和编辑了中山大学社会工作专业硕士生和本科生在 800 小时专业实习中的相关案例，并加入了资深社工督导的精辟分析和点评，让读者可以在实际的社工服务中举一反三，从而进一步提高专业素质。我热切希望，"中山大学社会工作实务系列"能够为内地的社工从业界和教育界提供专业支持和经验参考，对社工界同仁有所助益。

中大校园生机勃勃，我坚信内地社工事业在我们社工界同仁的一起努力下，也必将愈发欣欣向荣！

是为序。

中山大学政务学院教授

中山大学社会工作教育与研究中心主任

丛书主编　罗观翠

二〇〇七年十一月于康乐园

序 二
榨粉街的转角
——社区慢慢地快乐

　　榨粉街的转角，这个通往中心的路口，是一个很容易使人把握这个社区脉搏的街角，这里有熙熙攘攘的街坊，有晴天雨天都开工的补鞋叔叔，有卖各种养生草药的档口，有卖柠檬香叶的漂亮阿姨，还有卖林林总总家庭生活用品的店铺。当我走在回中心的路上时，我很喜欢放慢脚步，站在这个街角，看看路过的人群，听听街坊或高声或低声地说着粤语，"慢慢地"看着，"慢慢地"听着，"慢慢地"整个人就好像能够跟社区的脉搏一起跳动着，跟社区"慢慢地"多了一份情感，这是我与这个社区的故事。

　　这几年，踏过无数遍榨粉街的转角，为的是要走进中心，跟同事会面，做督导的工作。这几年，无论是团队还是社区，都在"慢慢地"变化。从 2011 年由一个年轻的团队开始到 2015 年的今天仍然是由一个年轻的团队在服务居民，年轻是因为社工在流动着，年轻的社工走了，更年轻的社工走进来。年轻的社工确实缺乏经验，但他们拥有年轻的动力及单纯的抱负，他们愿意摸索怎样才能带动居民关心自己所在的社区，工作的意义不只是完成指标，更是关心这个社区。从 2012 年开始，我们探索使用正向心理学的"快乐"元素去推动社区参与，盼望能带动中心走向一个方向——快乐能慢慢地从中心蔓延到社区。这本书可说是对快乐怎样"慢慢地"在社区流动的论述，是整个团队和这个社区的脉搏

一起跳动着的故事，当中有详尽的需求分析，有详细的服务分享，有坚持理想的执着，也有对困难的反思。这本书是关于整个团队跟这个社区的故事。

"我站到街中听闹市声音，我望见艰辛颠沛众生。

我立志服务这大片人群，要让这动力燃亮爱心。……"（出自《动力信望爱》）

我站在榨粉街的转角时，心里也常想起这首歌，这首歌是那些年我当前线社工时常常激励自己的一首歌，我盼望我们团队的同事，纵然年轻但能拥有同样的情怀，怀着一份动力与爱心去继续服务这个社区的居民，使快乐能在社区蔓延。

祝阅读快乐！

尹洪章

启创·北京街家庭综合服务中心督导

2015 年 7 月

内容提要

为了总结与提升家庭综合服务中心的成效，探讨社区参与的路径以及家综在其中的定位，普及家综推动居民互助和居民社区参与的信念，广州市启创社会工作服务中心于 2014 年 12 月至 2015 年 4 月对启创·北京街家庭综合服务中心 2011～2014 年的服务成效进行总结。本次成效总结的方法包括文献分析、利益相关者访谈和案例研究，围绕该家综的社区参与服务模式，分析家综各个服务领域的成效，及其在居民正向发展、居民社区参与和社区发展 3 个方面的成效与不足。此外，本书还描述了社区参与服务模式的实践历程，为社工同行、政府和公众了解家综服务提供了理论的本土应用经验。本书的主要结论有以下 5 个方面。

第一，社区参与服务模式包括居民正向发展、居民社区参与和社区发展 3 个方面。其中，居民社区参与是实现居民正向发展和社区发展的中介性及关键性因素。居民正向发展包括生活享受、能力展示和社区参与 3 个方面。家综服务帮助居民更好地生活和实现自我，促进居民的社区参与，培育居民的社区意识。社区发展需要社工在鼓励居民社区参与和倡导社区环境改变两个方面开展工作。

第二，启创·北京街家综所在社区的发展历程在一定程度上证明了从居民正向发展到社区参与需要一个有策略的推进过程。通过结合理论的实践摸索，启创·北京街家综的历年工作重点为：第一年，鼓励个人发展，建立居民关系基础，夯实社区根基；第

二年，培育社区领袖，带动群体内的互助；第三年，引导居民关注社区公共事务，参与解决社区问题；第四年，居民自发地、持续地参与社区公共事务。

第三，社工要根据不同居民群体的特征与需求来设计社区参与的方向。在社区参与服务模式下，启创·北京街家综各个服务领域的特色为：①建立长者社区互助网络，回应社区的养老需求；②鼓励青少年参与社区服务，改善社区环境，实现青少年正向发展；③以亲子服务带动家庭的社区参与；④促进残障人士社区共融，培养居民的可持续生活态度，改善社区健康状况。

第四，社区参与的服务成效主要体现在以下方面。

（1）居民正向发展方面：社区居民获得多元化的社区服务，生活更加快乐；长者、青少年群体的专项服务获得各方肯定；居民能力提升、能力感增强，获得能力展示平台；亲子关系方面的个案成效得到各方认可。

（2）居民社区参与方面：重视居民发声，培养居民的社区参与意识；发扬互助精神，推动居民群体之间的互助交往，逐步形成围绕不同社区议题的居民自治组织；培养"社区主人"，鼓励居民参与讨论、关注和解决社区公共事务。

（3）社区发展方面：家综与街道在社会管理服务上逐步建立伙伴合作关系；发展社区组织网络，优化服务资源配置；实现各个社区发展的资源多元化；提升家综社工的政策倡导意识。

（4）服务运营方面：建立动态化、参与式的全面需求评估机制；实现定时升级服务指引，提升中心的服务素质；建立咨询台管理制度，为前线同事提供支持；社工团队在摸索中走向成熟。

第五，服务成效提升的方向主要体现在以下几个方面。

（1）居民正向发展方面：不断创新服务形式，让居民更能享受社区的生活；对边缘困难个案保持关注，积累介入经验，预防社区危机的发生；兴趣类活动的设计需要平衡不同性别的需求。

（2）居民社区参与方面：调动居民对家综之外更广泛的社区

事务进行高水平的社区参与；继续调动社区中产阶级参与社区发展的积极性；逐步扩大居民社区参与行动的覆盖面。

（3）社区发展方面：家综与社区管理服务体系的相互借力仍有待探索；社会筹资渠道有待丰富，社区商家的参与有待提升；通过社区工作发现政策层面的问题后，家综应尝试发挥实质性的政策影响。

（4）服务运营方面：大力培养能够开展社区发展工作的社工人才；及时总结服务经验，推动服务制度化，减少社工人才流动带来的负面影响。

目　录

上篇　服务成效报告

第一章　背景 ……………………………………………… 3
第一节　服务成效总结的背景 …………………………… 3
第二节　启创·北京街家庭综合服务中心的产生与发展 …… 7
第三节　成效总结的内容及方法 ………………………… 8

第二章　社区参与服务模式介绍 ………………………… 14
第一节　社区资产视角下的社区需求分析 ……………… 14
第二节　启创·北京街家综的社区参与服务模式 ……… 18

第三章　家综在社区服务的 4 年历程 …………………… 22
第一节　鼓励个人发展，建立居民关系，夯实社区根基 …… 22
第二节　培育社区领袖，带动群体内的互助 …………… 24
第三节　居民在社工引导下关注社区公共事务，参与解决
　　　　社区问题 ………………………………………… 25
第四节　居民持续参与社区公共事务 …………………… 26
小　结 ……………………………………………………… 26

第四章 社区参与服务模式下各项服务的推行与发展 ⋯⋯⋯⋯ 28

第一节 服务领域的形成 ⋯⋯⋯⋯⋯⋯⋯⋯⋯⋯⋯ 28

第二节 建立长者社区互助网络，回应社区养老需求 ⋯⋯ 29

第三节 青少年参与社区服务，改善社区环境，实现
正向发展 ⋯⋯⋯⋯⋯⋯⋯⋯⋯⋯⋯⋯⋯ 38

第四节 以亲子服务带动家庭参与社区 ⋯⋯⋯⋯⋯⋯ 48

第五节 促进残障人士社区共融，培养居民可持续生活态度，
提升社区健康水平 ⋯⋯⋯⋯⋯⋯⋯⋯⋯⋯ 59

第五章 社区参与服务模式的成效 ⋯⋯⋯⋯⋯⋯⋯⋯⋯ 67

第一节 居民正向发展层面 ⋯⋯⋯⋯⋯⋯⋯⋯⋯⋯ 67

第二节 居民社区参与层面 ⋯⋯⋯⋯⋯⋯⋯⋯⋯⋯ 70

第三节 社区整体发展层面 ⋯⋯⋯⋯⋯⋯⋯⋯⋯⋯ 73

第四节 服务运营层面 ⋯⋯⋯⋯⋯⋯⋯⋯⋯⋯⋯⋯ 79

第六章 服务成效的提升方向 ⋯⋯⋯⋯⋯⋯⋯⋯⋯⋯⋯ 83

第一节 居民正向发展层面 ⋯⋯⋯⋯⋯⋯⋯⋯⋯⋯ 83

第二节 居民社区参与层面 ⋯⋯⋯⋯⋯⋯⋯⋯⋯⋯ 87

第三节 社区整体发展层面 ⋯⋯⋯⋯⋯⋯⋯⋯⋯⋯ 92

第四节 服务运营层面 ⋯⋯⋯⋯⋯⋯⋯⋯⋯⋯⋯⋯ 96

第七章 总结与展望 ⋯⋯⋯⋯⋯⋯⋯⋯⋯⋯⋯⋯⋯⋯ 99

下篇 服务案例集锦

第八章 居民的正向发展 ⋯⋯⋯⋯⋯⋯⋯⋯⋯⋯⋯⋯ 105

第一节 明里做，暗里收
——一名抑郁长者走出家门的历程 ⋯⋯⋯⋯⋯ 105

第二节 从自杀个案的紧急介入，到社区健康情绪
教育的发展 ⋯⋯⋯⋯⋯⋯⋯⋯⋯⋯⋯⋯⋯ 111

第三节　小义工与老人家
　　　　——来自"义彩童年"老幼互助计划的故事 …… 117
　　第四节　舞蹈梦想，自我实现
　　　　——越秀梦之队 ………… 122
　　第五节　我们的音乐梦，由 Nothing 开始 ………… 127

第九章　居民的社区参与 ……… 130
　　第一节　艺术在社区计划在青少年领域的探索 ……… 130
　　第二节　妙趣社区模型制作 ……… 132
　　第三节　青少年在社区参与中成长 ……… 134
　　第四节　以电话线搭成的互助关爱网络
　　　　——"电话大使"长者电话探访义工计划 ……… 138
　　第五节　亲善大使，不仅是社区中的文化传播大使 ……… 142

第十章　社区发展 ……… 145
　　第一节　"爱在跌倒前"长者安全环境改善计划 ………… 145
　　第二节　城市里的农夫梦
　　　　——以种植方式开展社区工作 ……… 152

第十一章　家综运作经验 ……… 158
　　第一节　探索与耕耘：大社区的小家综之构思篇 ……… 158
　　第二节　探索与耕耘：大社区的小家综之服务篇 ……… 162

回顾与致谢 ……… 168

上篇　服务成效报告

第一章
背　景

第一节　服务成效总结的背景

一　从 20 个到 171 个，启创·北京街家庭综合服务中心是一个缩影

广州市是中国最早、最快推广街道家庭综合服务中心（以下简称"家综"）的城市之一，家综的规模增长速度惊人。2010 年，广州建立了 20 个街道家综试点，到 2015 年底，家综已覆盖广州市内所有街道，总数达 171 个。《关于印发〈推进我市社会管理服务改革开展街道社区综合服务中心建设试点工作方案〉的通知》（穗民〔2010〕213 号）中提到家综对于理顺社会管理服务体制和加快政府职能转变的作用，并提出"逐步将街道社区服务和资源整合归并进社区综合服务中心"。这份政策文件规定了家综在试点阶段可从政府购买服务方式和街道间接管理方式两个运作模式中二选一，而实践证明了前者具备可行性和创新性，因此，随后的《关于进一步做好家庭综合服务中心建设工作若干问题的通知》（穗民函〔2012〕263 号）规定了社会工作类社会组织（又称"民办社工机构"）作为家综服务提供方的角色。

家综是广州市政府购买社会服务的重要内容，是社会组织面

临的前所未有的机遇和挑战。在从 20 个家综增加到 171 个家综的推广过程中，关于家综如何在社区开展工作的实证研究有待增加，社会组织的服务经验亟须个案式的深度总结，家综在社区的位置和功能定位有待进一步讨论，"有问题找社工"的一站式综合服务优势有待论证。

启创·北京街家综是家综推广背景下的一个缩影和样本。为发挥社会组织在社会服务中的作用，达到社会管理创新中强调的"社会协同、公众参与"目标，2010 年，启创在自身提供青少年服务、长者服务、医务与康复服务和司法人员支援服务的基础上，整合经验逐步为广州的试点街道提供家庭综合服务。通过公开招投标，启创在 2010 年 12 月 31 日与越秀区民政局以及广卫街道办签订三方合同，承接了广卫街家庭综合服务中心（2013 年更名为北京街家庭综合服务中心）的项目，并在 2011 年 3 月 1 日与荔湾区民政局以及金花街道办签订三方合同，承接了金花街家庭综合服务中心的项目。为了整合内部资源和建构更有效的发展平台，启创在 2013 年结束了荔湾金花街家庭综合服务中心的项目。

因此，启创·北京街家综是广州全面推行家综服务以来，为数不多的从试点发展到如今由一家民办社工机构承接和持续运营 4 年的家庭综合服务中心之一，其服务成效的呈现，既能让人们从微观层面看到单个家综如何自我建设并带动社区发展，又能让人们从宏观层面反思家综的成效以及外在制度安排和社会环境的关联。

二　普及家综推动居民互助和居民社区参与的信念

家综是国内社工服务的新事物，人们对于家综应该提供什么服务才能满足本地需求的问题毫无参考样本，只能"摸着石头过河"。一开始，家综参考了同为华人地区的中国香港和新加坡的很多经验，可是这些地区和国家的家综主要专于个案工作而对社区发展缺少贡献，例如香港学者游达裕、朱志强在 2010 年发布的

《综合家庭服务中心检讨前线同工的观点研究报告》中指出，家综"整体工作以补救性为主，集中处理个案危机事务，未能兼顾预防和发展性的工作，包括地区联系、社区教育、及早识别有问题的家庭等"。

内地家综在借鉴所谓先进经验的时候多少也复制了个案模式的局限性，家综服务合同里约定的是小组和社区活动的指标，对服务产出则没有要求，而对于不少家综来说，个案的解决似乎是比社区发展更值得投入精力的方向。对此，广州市家综评估专家、广州市社会工作协会秘书长朱静君撰文表示，家综的项目方案普遍只有微观表述，而中观思考的支撑、宏观推进的策略几乎不见踪影。[①] 可是，内地社工行业处于起步阶段，家综就算想要实现补救，要达到中国香港、新加坡解决个案问题的水平，也还有一个漫长的过程。

家综是否必然要走个案专精化的道路，先个人后社区呢？在不同的机构理念下，不同的家综有不同的回答。启创相信社区参与对社会进步和提升人类的福祉具有重要意义：

> 启创的机构愿景是"携手社会各界人士，共同建立一个关爱、平等、公义的社会，让人人过有尊严的生活"，服务路径为"我们相信通过建设个人自助互助能力、促进家庭关系、发展社区支持网络、倡导政策及服务改善的服务方法及路径能够达致上述的机构愿景"，服务原则是"立于社区，源于需求，富于创新"。

启创·北京街家综是启创实现机构愿景的一个重要落脚点，机构希望它成为推行"社区参与的深耕"的一个典范，启创执行总监廖焕标曾说："广州是启创的起源地，海珠更是启创的总部所

---

① 朱静君：《家综服务应该给社区带来什么》，《中国社会工作》2014 年第 24 期。

在地和社会服务集中地，集中便于资源整合，整合是为了深耕，只有深耕，服务对象才能从根本上获益，并投入到自身福祉的提升上。"通过对北京街家综服务成效的总结，启创希望向业界、政府、公众普及家综推动居民互助和提升居民社区参与这个目前并不被广泛提及的信念。

三　以 4 年的服务经验探讨社区需要怎样的居民参与，以及家综在其中的位置

启创·北京街家综的目标是实现人与人、人与组织、组织与组织之间的互助，实现社区资源的充分流动，从居民的赋权到社区的赋权，居民不再是被动接受服务的角色，而是关注和参与社区公共事务的自助者和互助者，弱势人群、商界人士、中产阶级都能通过社区参与找到社区归属感，社区成为居民自主管理的自治社区，而不是由政府主导建设的传统行政社区。

也许社区参与是一个漫长的过程，在此期间信任与误解、连接与断裂同时发生，短短 4 年的社区服务，并不足以让人们看到家综滋养着社区土壤使互助体系枝繁叶茂的理想图景。换句话说，家综在促进居民社区参与的过程中往往要做大量的基础工作，包括获得居民信任、提升居民的利他意识等，4 年的时间不过是让居民迈出社区参与的第一步而已。例如，启创·北京街家综与一群跳广场舞的妇女建立了关系，为其提供跳舞的场地，社工助力舞蹈队找到舞蹈老师，从而使舞蹈队能够持续运作，还通过表演来开展多次社区服务。未来，如何让舞蹈队成为一个对社区更有贡献的妇女组织，还需要时间继续去推进。

与专门的社区发展组织相比，启创·北京街家综可能并不能很快地带来人与组织互助、组织与组织互助甚至组织与社区的大互助，但这恰恰体现了家综在社区这个权利关系复杂的生态系统里工作的真实情形。而这个家综的特殊之处在于，它的服务辖区处于市民文化浓郁、政治资产和经济资产丰厚的广州市中心，是

全国经济发展水平最高的地区之一。但是，研究一再证明，经济发展水平未必与社区参与正相关，北京街也不例外。

中国经济发展不可阻挡的方向或许正是要产生千千万万个北京街，这使在此培育社区互助土壤的启创·北京街家综具有先导性的参考价值，人们可以从这一个小小的家综开展的工作之中窥见当今中国城市社区的繁荣和困扰，以及致力于解决社会问题和促进社会公平正义的社工如何在其中找到自身的位置。

第二节 启创·北京街家庭综合服务中心的产生与发展

为积极探索社区管理服务的新模式，满足社区居民的需求，提升社区综合服务的质量，北京街街道办事处采取公开招投标的方式，引入社工专业服务，广州市启创社会工作服务中心以首年服务末期被评为优秀的成绩，进入第 2 个服务周期，继续承接北京街家庭综合服务中心的项目。协议周期从 2012 年 3 月 21 日至 2015 年 3 月 30 日。

广州市启创社会工作服务中心从 2010 年 1 月 1 日开始进驻北京街，以"逻辑模式"这一社会服务设计、执行、评估的工具系统，开展社区服务需求的评估。需求评估基本上分为两个阶段：第一阶段为 1~2 月，主要以定性研究为主，通过绘制社区资产地图、了解行政系统和关键人物、联系居委会驻点、参与社区既有活动（如"邻居节"、换届选举委员会）等，从整体上发现北京街的区域特色（划分为不同片区）；第二阶段为 3 月，通过问卷调查、入户访谈、焦点小组访谈等方法，进一步了解各服务群体的需求。

启创·北京街家综首年以"支援个人成长、建立互助网络、促进地区发展"为服务理念和思路，以"让幸福种子发芽，让互助精神传递"为目标，致力于营造一个互助和谐的幸福社区。目

前家综提供的服务主要包括：长者服务、青少年服务、家庭及儿童服务、社区健康服务、义工服务，以及协助司法部门开展司法矫正等。在人力方面，启创·北京街家综目前共配有22名工作人员，其中包括6名项目主管、8名社工、3名社工助理、1名行政人员、4名后勤人员。其中共有3名社会工作师、12名助理社工师。中心共配有3名专业督导，其中有2名香港注册社会工作师、1名社会工作师。

运行4年以来，除了开展常规的家综日常服务，启创·北京街家综一直倡导居民的社区参与，通过社工的带领培养居民骨干和居民领袖，使社区居民能够对社区事务分担责任和义务。启创·北京街家综认为社区中的每个成员对社区政策的制定和社区事务的介入都享有权利，同时也意味着每个社区成员对社区都有应尽的义务，希望通过鼓励社区居民参与社区建设，最大限度地满足居民的物质生活和精神生活等各方面的要求，通过居民的共同努力，解决社区中的公共问题，探索公共议题的解决途径，建立一个和谐、有爱、互助的快乐社区。

第三节　成效总结的内容及方法

一　成效总结的内容及宗旨

为了总结与提升家庭综合服务中心的成效，启创研究部于2014年12月组织了一支包括研究部工作人员、第三方研究员和启创·北京街家综主任在内的研究队伍，讨论设计了启创·北京街家综项目2012~2015年的服务成效总结计划。总结的内容包括以下3项。

第一，了解家综社区参与服务模式的特征与目的，从历史的视角总结启创·北京街家综4年来社区服务与社区发展的历程，通过该家综历年工作重点的变化了解居民社区参与及社区发展的实现步骤。

第二，总结社区发展模式下启创·北京街家综在各个服务领域（长者服务、青少年服务、家庭儿童服务、社区健康服务）如何界定不同居民群体的需求及如何为他们提供服务。

第三，分析比较启创·北京街家庭综合服务中心在社区参与服务模式下居民正向发展、居民社区参与、社区发展3个维度所取得的成效与不足。

二　成效总结方法

本书主要采用质性研究方法，从不同渠道收集启创·北京街家庭综合服务中心从2011年1月1日至2015年3月30日期间的数据。本书的结果基于以下资料。

1. 文献分析

主要是启创·北京街家庭综合服务中心向评估方提交的历年自评报告。文献包括：①广州市（2010～2011年度）20个试点街道综合服务中心中期评估自评报告、末期评估自评报告；②广州市（2012～2013年度）20个试点北京街家庭综合服务中心中期评估自评报告、末期评估自评报告；③广州市启创·北京街家庭综合服务中心（2013～2014年度）中期评估自评报告、末期评估自评报告；④广州市越秀区北京街（2014～2015年度）家庭综合服务中心中期评估自评报告、末期评估自评报告。

这些自评报告全面地记录了服务中心的基本信息、人员配备状况及组织架构、资金收入与支出情况、各服务领域的状况、其他与中心建设及服务相关的内容，以及自评小结。其中，各服务领域的状况包括以下内容：①服务对象需求评估的过程与结果；②服务发展的策略；③三方协议年度服务量与指标表；④服务完成情况（含协议指标完成情况）等。本书第4章将通过访谈中心主任及各服务队队长的叙述，全面详细地向读者呈现启创·北京街家综的工作内容、成效与不足。

除了自评报告之外，我们还收集了历年家综中期评估和末期评估的专家意见，以及启创·北京街家综制作的一些关于社区历史和居民生命故事的资料，例如《长者生命故事》小册子、《千阳汇·你好陌生人》小册子。

2. 利益相关者个别访谈

对利益相关者的访谈，使我们能够更为客观和深入地呈现服务成效与把握未来的发展方向。本书第5章及第6章总结了利益相关者为我们提供的信息。

为更好地梳理服务的发展脉络，本书以家综服务的运营者为主要对象，访谈了中心各个服务队的项目主管、家综主任、中心督导，也访谈了广州启创社会工作服务中心的执行总监，了解家庭综合服务中心在启创社工机构的定位，以及机构理念对家综项目的影响。另外，由于启创·北京街家综采用的是地区发展的社区工作模式，研究者还访谈了街道方，从政府的角度了解家综对社区管理的作用。本书也访谈了与家综有长期合作的广东狮子会北京街好敬服务分队，了解家综与其他社区组织的合作情况。启创·北京街家综的利益相关者访谈名单见表1-1。

表1-1　启创·北京街家综的利益相关者访谈名单

所属组织	职位
北京街街道办事处	民政主任
北京街街道办事处	民政科长
广东狮子会好敬服务队	干事
启创社会工作服务中心	执行总监
启创·北京街家庭综合服务中心	督导
启创·北京街家庭综合服务中心	中心主任
启创·北京街家庭综合服务中心	长者服务队队长
启创·北京街家庭综合服务中心	青少年服务队队长
启创·北京街家庭综合服务中心	家儿服务队队长
启创·北京街家庭综合服务中心	社区健康服务队队长

3. 居民座谈会

尽管启创·北京街家庭综合服务中心留下了较为完整的服务痕迹，使我们通过分析历年服务对象的需求评估数据、服务对象填写的活动反馈表、服务对象口述的信息以及社工在活动中对居民的观察记录等文献资料，就已经能够对这种提供服务的方式进行一定的归纳总结。但是，对家综4年的回顾总结，服务对象的声音仍然不可缺少。为此，我们面向参与家综服务比较积极的居民组织了两场座谈会，一次是30～70岁的居民领袖座谈会，所选取的居民代表都是在本社区居住多年、对社区情况十分了解的居民，他们对社区的公共事务有较多关注和参与，也参加了启创·北京街家综的社区服务。另一次是12～20岁年龄段的座谈会，参与的社工是在北京街的学校和社区里培育的青少年义工，也包括非北京街居民但曾经关注本区社区问题及公共事务的大学生义工。这些居民虽然不能代表北京街全体居民，但他们作为社区里的积极分子，其对社区问题的认识，其对参与社区公共事务的态度和思考，使我们对小小的启创·北京街家综在社区的位置有了更清醒和客观的认识。

居民座谈会出席的居民代表简介

> 吴先生，71岁，Y区教育局公务员，已退休，在北京街居住了40多年，10多年前搬到北京街广卫片区。他到家综参加过唱歌班，也陪妻子来参加手工班、美食班，做过家综的亲善大使、长者探访义工。家综开咨询服务茶话会常邀请他来做策划大使。[①] 他平时也会私下跟不同的社工提改进服务的建议。

---

① 从2012年开始，启创·北京街家综大约一年召开一次策划会议，参加的居民就是策划大使，一般至少邀请4个居民出席。每年关于出游、探访、重阳活动、端午小组、乒乓球比赛等比较大型的活动，都会有策划大使来参与策划。

石姨，67岁，工人，已退休，在北京街广卫片区居住了近20年，在北京街有四五十年时间，喜欢参加家综的手工班、美食班，也参加了不少学习类的小组活动，在丝网花小组、做点心等活动里担任小组导师。

陈姨，59岁，退休前是饮食店个体户。她是北京街名声在外的热心居民，街道开办西关小屋后，请她担任其中一间的站长，提供日常咨询服务，她十分尽责地花时间管理小屋。街道还会经常找陈姨帮忙做活动接待和志愿者管理工作。陈姨在家综参加过歌唱班、舞蹈班、手工班等，也在美食班做了很多期导师，还参加了一些长者探访的义工活动。

周姨，50岁，隔壁大唐街居民，她的朋友在家综参加跳舞班，介绍她来。来了后，她参加了家综举办的很多服务，做过家综的电话天使、亲善大使，很喜欢跟不同居民打交道。

刘姐，33岁，有个在上幼儿园的儿子，她并不住在北京街，但4年多前就在这里开了个文具店。刘姐的儿子参加了家综的亲子游戏班、儿童歌唱班，她也会抽空跟儿子来参与活动。

琳琳，女，13岁，居住在北京街10多年，喜欢参与家综的兴趣类活动，去年开始参与家综的青少年服务"潮爆墙头——社区美化计划"。

小敏，女，13岁，参与家综活动两年，喜欢绘画、涂鸦，2013年开始参与家综的青少年服务"潮爆墙头——社区美化计划"，直到现在。

启豪，男，21岁，家住在天河，在2012年初首次接触中心，常常协助社工设计和推广义工活动，例如担任家访义工、策划"广卫快乐事"、策划公房改造筹款计划。他也是班级活动积极分子、学系协会学生领袖，也常组织班上同学来家综做义工。

杰辉，男，21岁，家住北京街附近的人民街，热心参与

策划和协助社区活动，例如公房改造筹款计划。

雯雯，女，17 岁，从小学开始来北京街读书。她积极参与一些帮助弱势人群的活动，乐于和社工一同策划活动。参与过公房改造筹款计划、"潮爆墙头——社区美化计划"和"美味传情——关爱长者计划"。

小祝，女，16 岁，2013 年到北京街读书时开始接触家综，参与过探访长者活动。

4. 案例研究

社工是家综组织的主体，本书十分重视展现和提炼一线社工在家庭综合服务中积累的实践智慧。在研究小组将启创·北京街家综本土化应用地区发展模式总结为居民正向发展、居民社区参与和社区发展 3 个层面后，结合家综的具体服务领域，选择了一些在回应居民需求和社区问题上较有工作成效的服务项目，邀请了各个服务领域的一线社工来进行本书下篇"服务案例集锦"的写作，让读者从一线社工的视角来看启创·北京街家综认识与回应社区居民需求、促进居民参与社区建设所取得的成绩与遇到的困难。

第二章
社区参与服务模式介绍

第一节　社区资产视角下的社区需求分析

北京街地处广州市政治、经济、文化中心地带，市府、区府都选址于此，是"广府文化发源地、千年商都核心区、公共服务中心区"的核心区域，还有旧日的国家煤炭、化工等重要生产单位都处于此区，同时也是许多"老越秀"的生活区，它的陈旧与周边的缤纷和繁华形成了鲜明的对比。2013 年 3 月 15 日，与原广卫街合并后组建成为新的北京街，新北京街地域面积为 1.3 平方公里。如图 2-1 所示，北京街广卫片区东以德政路为界，南以中山四路、五路为界，西到解放北路，与六榕街为邻，北至应元路、东风路，与洪桥街接壤，面积为 0.79 平方公里。

北京街辖区内设有 13 个社区居委会，户籍人口有 24327 户85456 人，常住人口有 58055 人，流动人口有 14371 人。低保户有529 户，低收入户有 147 户，"三无"人员的数量是 148 人，失独家庭、单亲家庭有 417 户，残疾人有 1699 人。北京街广卫片区有长者 9201 人，占全街总人口的 17.68%，在册残障人士共有 700多人，低保户有 284 户共 509 人，低收入户有 23 户共 51 人，有 3所小学，1 所初中，其中 6~13 岁儿童共 1814 人，14~24 岁青少年共 4291 人，共有在册社区矫正人员 19 人。

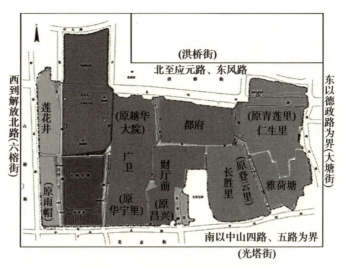

图 2-1 中心服务辖区区域图

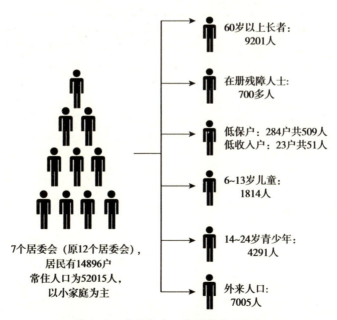

图 2-2 北京街广卫片区的人口特点

一 基于社区资产视角的社区分析

2011 年来到北京街广卫片区后，社工首先做前期的调查，用了 3 个月走社区，去"扫楼"，找街坊聊天，以社区资产的视角去发现这些社区本身具有的资源，以个别化的视角去发现不同区域、不同群体的不同需求和优势。经过深入社区的调查，社工们倍感兴奋，因为他们发现广卫片区本身的资源非常丰富，人群之间的优势互补现象非常明显。用一个形象的比喻来说，就是这个社区的土壤里本身就潜藏了很多"幸福种子"，只是有些种子因为没有适合的土壤和气温而未发芽，所以家综要做的只是培育让"幸福种子"发芽、生长的土壤。启创·北京街家综把广卫片区归纳为三大类社区：包括公民社区、熟人社区和边缘社区（见表 2－1）。

表 2－1 北京街广卫片区类型分析

	类型一	类型二	类型三
社区动力	有智缺情的公民社区	有情缺质的熟人社区	有真无力的边缘社区
社区范围	都府社区、越华大院及财厅前居委财厅小区	以雅荷塘和仁生里为代表的一带	以莲花井及雨帽为代表的一带
社区资产	经济基础好 政治参与多 公民意识强 文化素质高 社区环境优	熟人网络丰 邻里互动强 平民文化显 社区关系和 公共设施少	生活诉求实 社区环境静 周边资源丰
社区问题	防御意识强，表面开放但内心孤单（较多人通过养宠物来建立情感依附）邻里关系淡（常因缺沟通导致上访事件发生等）自我实现程度低，能力不弱但无法体现价值（由干部或干将转为平民的失落感、家庭空巢期适应问题等）	人口密度大，无物管物业（回迁户多，社区管理较弱）生活市井化，生活质量不高（受教育程度相对低，对社区服务的要求低）	人口分布散，社区活力不足（居民多待在家中，尤其是青少年）社区归属感低，公共资源利用率低（较多居于被边缘的社区角落、死胡同，较少利用周边社区公共资源）

以都府社区为代表的社区一属于有智缺情的公民型社区，这个社区的经济基础较好，居民政治参与度较高，受教育程度较高，文化素质较强，公民意识强。存在的问题是居民的防范意识强，较多的人选择通过养宠物的方式来建立情感依附，邻里关系较淡，常常因为缺乏沟通导致上访事件的发生，居民的自我实现程度较低，难以体现自身在社区中的价值。

以雅荷塘社区为代表的社区二属于有情缺质的熟人型社区，社区的资源和优势在于该社区熟人资源丰富，邻里互动强，社区中的平民文化较为显著，但同样存在一些问题，因为社区比较老旧，人口密度大，社区管理较为薄弱，配套的公共设施较少，居民的受教育程度相对较低，对社区服务和生活质量的要求也相对较低。

以莲花井为代表的社区三属于有真无力的边缘型社区，该社区远离北京街社区中央，社区环境比较安静，社区周边的资源丰富，它的问题是人口分布比较散，难以管理，社区活力不足，居民的社区归属感较弱，虽有较多的公共设施，但本身的利用率并不高。

二　社区的活动场所

因地处市中心老城区，辖区内的相关配套设施不足以满足5万多名常住居民的需求，针对退休长者的活动更是缺乏。社区内能提供给长者的活动场所不多，目前的活动场所包括星光老人之家、两个社区广场、中央公园。星光老人之家因场地不大，活动内容以打麻将为主，有时也会提供图书服务。社区广场主要坐落于雅荷塘的福恩里广场和都府社区的小东营广场，住在这两个社区附近的长者经常会到广场活动。远离这两个社区的长者较少到社区活动。

另外，街外的一些公共资源填补了广卫片区公共活动场所不足的缺陷，其中社区邻近的中央公园和农讲所，在某种程度上弥补了社区内活动场所不足的缺陷。

第二节　启创·北京街家综的社区参与服务模式

根据启创社工机构"立足社区，源于需求，富于创新"的服务原则，启创·北京街家综结合正向心理学和社区发展模式建立了自身的社区参与服务模式，服务目标在于促进居民正向发展，提升居民的社区参与水平，最终构建一个安全、互助、友爱的快乐社区。这一模式的核心是通过家庭综合服务实现居民赋权，推动形成居民自下而上的、良性的社区参与，从而形成社区凝聚力和居民互助的社区文化（见图2-3）。

家庭综合服务的内容　　　　　　　　　家庭综合服务的目标和服务成效

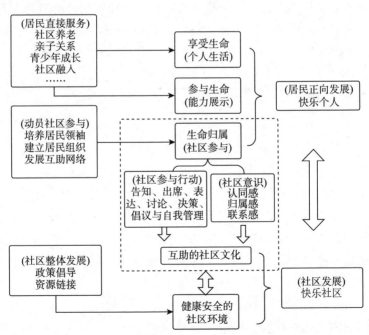

图2-3　启创·北京街家庭综合服务社区参与模式的内容与目标

以下介绍社区参与模式的目标及相应的服务内容。

一　居民的正向发展

正向心理学的追求是实现人的快乐（Pleasure）、参与（Engagement）和意义（Meaning），参考 Martin E. P. Seligman（2003）对人之正向发展的解读，可以把居民的正向发展分为以下 3 个方面。[①]

第一，快乐生活，或称"享受生命"，审视人们的最佳体验，预测并体会正常和健康的生活中的正向元素（如爱好、兴趣、娱乐等）。

第二，美好生活，或称"参与生命"，人们在正向投入他们的主要活动时，体验到沉浸、忘我和福乐的益处。当一个人的能力和他的工作能较好地契合时，比如他确信在充分发挥自己能力的情况下可以完成任务时，这些状态就会出现。

第三，有意义的人生，或称"生命归属"，人们从一些比个人更宏大和更持久的事情（例如大自然、社会团体、组织、运动、传统、信仰）上，得到幸福感和归属感，收获生命的意义。

Seligman 认为，正向组织（民主社会、家庭支柱及言论自由）是帮助居民形成正向特质（如长处、美德和能力）的支柱，进而支持居民形成正向情绪。因此，要实现居民的正向发展，需要从居民个人及其所在社区环境两个维度入手开展服务，既要通过直接服务满足多元社群的发展性需求，如运用图 2 - 4 的激发不同群体正向发展的"快乐七式"，又要在服务中对居民进行赋权，为居民提供社区参与的机会，提升居民的社区参与意识。

二　居民的社区参与

社区参与有多重形式，Arnstein[②] 将公民参与程度划分为 8 个

①　Martin E. P. Seligman：《真正的快乐：正向心理学》，洪兰译，台湾远方出版社，2009。

②　Arnstein, S. R.（1969），*A Ladder of Citizen Participation*：*Journal of the American Institute of Planner*，Vol. 35，pp. 216 - 224.

层级的论述最广为引用，他进一步将其归纳为非参与（Non-partici-pation）、象征式参与（Degrees of Tokenism）及完全参与（Degrees of Citizen Power）3 种形态。Plummer 和 Taylor[①] 参照 Arnstein 的理念，以居民决策程度为区分依据，由低至高将社区参与划分为 6 个层次：①告知（Notification），告知社区成员有可能影响他们的相关政策或方案；②出席（Attendance），社区成员能够出席会议，但决策已经事先完成；③表达（Express），社区成员能够表达他们的意见与观点，并分享社区的资讯与知识，试图影响当局的决策；④讨论（Discussion），最初行动阶段，社区成员将自己的想法进行讨论，且被鼓励以他们的理念与想法来影响最终的决策；⑤决策（Decision-making）：社区成员能够对影响他们的事务进行决定；⑥倡议与自我管理（Initiative/Self-management）：社区成员能够依自己的理念与想法发起行动，并动员社区固有的人力与资源来促进目标的达成。

将社区参与划分为不同的层级，蕴含着居民对切身事务影响程度的不同，有助于家综对居民的参与程度和形态有更深刻的了解，客观评价自身在居民社区参与上的服务成效。

三　社区层面的社区发展

如前所述，居民的正向发展程度和社区参与水平与外在的社区环境有关，社区的民主化程度、社区的权利关系、社区的健康安全环境对家综设计与推行服务均有所影响。例如，北京街商业发达，但居民活动的硬件设施少，社区绿化不足，社区房屋老化、居住安全性降低，这些会削弱居民对社区的归属感，甚至造成一些居民外迁。因此，除了开展直接服务和进行居民赋权，还要倡导政府投入更多的资源，制定有效的政策，提升社区主体性，调动社区外的资源投入社区发展。

---

① Plummer, J. & Taylor, J. G., *Community Participation in China：Issues and Processes for Capacity Building.* London：Earthscan, 2004.

启创北京街家庭综合服务中心
快乐七式代言家庭：哈皮（happy谐音）一家
用于代言哈皮快乐七式，以及中心各场室温馨提示。

哈皮一家：

哈皮：
"天伦情话"：
与您共享共荣时光，今晌天，今享生活，互相欣赏。
哈皮哈皮，我也祝您哈皮！

哈仁：喜欢助人之陽。更喜欢被人陽。
"感谢与劳力"：
一句感谢与一声問安，哈来别人的认可與满足，自己也满足。

哈皮：everybody 动起来！
"健康乐活性"：
运动令心情愉悦，更自信，更快乐。

哈皮苗：口朱镭：生活满希望，前路由我创。
"真立春话"：
从自身边一點一片一滴小事小情，取竖正能量小宇宙。

哈皮倮：我喜欢我的事业，要喜欢我的专业！
"敬业乐业"：
只要你用心做事，再投做的工作都可异样呈現乐趣。

哈皮右铭：助人为快乐之本
"为善最乐"：
令人快乐，令一声問候，令里自助从您开始。

哈皮和：生活态度：心态平淡静，退一步海阔天空。
"心态宽厚"：
心理放下手，我理解放下心，总有解决办法。

设计理念：
核子一—》发芽，青少年—》长叶，青年—》开花茂盛，长者—》结果。
在家庭综合服务中心发展居民正向发展的"快乐七式"

图2-4　启创·北京街家庭综合服务中心激励居民正向发展的"快乐七式"

第三章
家综在社区服务的4年历程

启创·北京街家综在4年服务的过程中，第一年在社区中夯实居民根基，获取居民理解和对专业服务的认可；第二年继续扩大家综服务，并重点培养居民骨干，利用居民骨干带动居民自主参与其中；第三年和第四年，通过社工和居民领袖及骨干的引导，鼓励居民发现和解决社区公共事务。以正向心理学"快乐七式"为理念，立足社区发展与居民社区参与，结合现时社会关注的热点，提出绿色环保、有机生活的议题，推出"城市农夫""艺术在社区"等服务，通过实际的服务，将鼓励居民社区参与从意识层面逐步变为更多的实践行动。

第一节　鼓励个人发展，建立居民
关系，夯实社区根基

在初到广卫街的第一年里，启创·北京街家综制定了培育居民个人兴趣、夯实居民关系的服务目标。家综的服务以生活化的学习小组、兴趣小组和社交小组为主，社工对居民的需求进行了较为细致的调查分析，开展了手工兴趣班、美食班、学习技能班、舞蹈班、种植小组等活动。

服务伊始，启创·北京街家综面临很多的问题：①家综的社区基础较差，且居民参与活动后流失率高。②活动人手不足，兴趣班招募不到老师；③活动成果没有平台可以进行分享和宣传，难以吸引居民持续参与。面对困难，家综选择了以下 3 种策略来应对。

一　蹲点了解居民需求，进行"扫楼"式宣传服务，通过关键人物帮忙将服务"唱通街"

首先，增加社工在社区居民之间的曝光率，提升居民对社工服务的了解。家综调动所有可利用的人力资源对社区进行为期三个月的深入走访，对社区居民进行家庭访问，对家综服务进行广泛宣传，让居民和社工之间有了面对面的良性互动，居民对家综提供的服务有了初步认识。同时，社工也通过接触居民，对社区需求有了较为广泛和全面的了解。

其次，分派所有社工到广卫片区的 12 个居委会中，蹲点了解居民情况，了解居民之间的互动关系，掌握居民参与服务的动力，并从中挖掘关键人物，使之成为社区的积极分子。

最后，通过关键人物坊帮忙进行滚雪球式的宣传，将家综服务"唱通街"。

二　社区人议社区事，居民找来兴趣班老师

兴趣类学习类活动能够在关系建立初期有效吸引居民，但由于缺少兴趣班老师，居民喜欢参加的班——比如美食班、舞蹈班——不能频繁举办。不过，社工通过分析认为，困难也是契机，可以让"社区人议社区事"，发动居民一起讨论和解决这个问题。

以舞蹈班为例，舞蹈班一开始没有老师，在社工组织有兴趣参与舞蹈班的居民讨论之后，居民开始分头找资源，比如到各大公园找舞蹈队老师，从而找到了愿意长期投身其中的老师，目前这位老师已经在启创·北京街家综免费做义工 3 年多，每周利用两个下午进行教学。

三　建设居民活动成果分享平台，建立相互认同的基础

启创·北京街家综社工认为，居民在集体活动中能找到归属感，这样才会持续参与活动，所以社工注重提高居民分享意识，建立居民才能展示平台。面对前期缺乏分享平台的困难，社工创造机会，利用分享会、新年庆祝活动等，鼓励居民积极参与，在活动中发现这些分享的方式很受居民欢迎。

第二节　培育社区领袖，带动群体内的互助

在 2011 年的基础上，家综的服务在社区有了一定的居民根基，在 2012 年，家综决定继续深入扩大服务面，提升居民对社工服务认同感，并重点培养社区居民骨干。为了实现这个目标，家综除了继续深入各种生活化的学习小组、兴趣小组和社交小组之外，也有计划地组建了成长小组、义工小组和互助性小组。

这一阶段的难点是培养一些积极参与活动的居民成为骨干，主动与自己的亲朋、好友、邻里分享和推介家综服务，扩大参与服务的居民群体。对此，社工的应对策略是培养居民领袖，与居民一起边带边做、边做边学、边学边总结。一开始，居民不知道怎样扮演骨干的角色，社工便为他们提供导师培训、小组管理者培训，内容包括沟通技巧、课程设计、讲课技巧等。并且，定期通过导师嘉许、导师分享会，给居民提供在群体内分享的机会，让他们获得更多居民的支持。

以长者服务为例，2012 年家综组建了长者义工队，鼓励健老服务弱老，促进长者与社区其他群体的互助交往。其中，家综推行"寻宝"计划、长者社区"精明眼"等计划，探访社区内的弱老，鼓励有能力的健老去帮助弱老，如上门探访弱老，为有需要而无法外出的弱老剪发，陪弱老一起寻找老人院，为弱老派发相关康乐、保健、防骗、股票防跌资讯等，促进互助的氛围形成。

同时鼓励长者与社区内其他群体合作，各展所长，从而促进长者与社区其他居民有更多的互助交往。总之，在社工与居民的共同努力之下，家综在这一年有了相当稳定的一部分居民骨干，社区居民之间形成共同学习、共同分享的良好氛围。

第三节　居民在社工引导下关注社区公共事务，参与解决社区问题

进入 2013 年，家综的目标是提升居民对社区事务的关注度，尝试发动居民自我管理，调动居民参与解决社区公共问题。除了常规服务，家综组织互助性小组和社区活动的次数也明显增加。以青少年服务为例，青少年队的社工们，以青少年为活动主体，鼓励他们为社区提供服务，参与组织活动，如组建"发现广州"小组，开展"万事屋助老"计划，组建广卫旅行社，开展广播剧活动，组建物物交换调查组和策划组等，增强他们对社区的认识与归属感，用他们的实践方法、语言和行动去回应其自身的需要并关心社区其他居民群体。在这一过程中，青少年不但收获了自信，获得了成长，而且还为社区的建设贡献了自己的力量。

服务的难点在于：①如何让居民对社区产生认同感和参与社区的改变；②居民骨干与社区普通居民之间如何对话；③如何协商合作解决社区问题等。社工选用了"社区主人"的概念来应对这一难点。"社区主人"概念的实质在于让居民认同自己是社区的一员，对社区发展有一份公民责任，对社区怎样发展有自己的主见。

为了让居民成为社区主人，社工首先从衣食住行这种生活化的社区议题切入，再到社区环境、绿化、道路设施、公共空间营造等议题，从小事着手，由易到难。在社工的带领下，社区居民有意识地去找寻解决社区公共事务的办法，家综也积极调动更多的社会资源去解决社区问题。同时，在这一年里，家综成立了社

区健康服务队，主要为社区居民公共健康提供服务，带领居民更多地关注社区公共健康和邻里关系，继续推动社区居民社区参与，共同营造快乐社区。

第四节　居民持续参与社区公共事务

第 4 年，家综的服务目标是继续带领居民关注社区公共议题，培养社区居民解决社区公共问题的能力。这一年家综开展了多次关注社区公共议题的活动，以社区健康服务队组织的艺术在社区活动为例，社工通过小组的形式引导社区居民关注社区环境，以回应更多关于社区环境的问题，还通过青年力量为建立健康社区、快乐社区出谋献策。

这一年长者队继续引导居民关注社区家居安全，依靠前几年培养的社区事务骨干，去帮助改善社区的安全状况，青少年和家儿服务队也继续关注青少年成长和家庭的和睦，提升社区倡导的力量。同样，这一年家综也面临诸多问题，最为突出的问题是，居民的社区参与意识提升之后，社区联动机制的不完善制约了居民的社区参与。例如，青少年群体通过涂鸦的艺术方式关注社区，但社工很难协调到除了家综之外的更多社区场地来进行活动。对于这类社区联动机制不完善的问题，家综决定以多元化多方倡导的模式来应对，即不只面向社区的居民群体，更要留意带动社区内的学校、政府、企业和其他 NGO，搭建资源链接平台，促进多方对话沟通，共同解决社区问题。

小　结

4 年间，在启创·北京街家综的努力之下，社区居民参与经历了一个从鼓励居民关注自身（关注自己）到关注身边的亲朋、好友、邻里（关注身边的人）的过程，到后来居民关注和参与更多的社区事务，改善社区公共氛围。结合这一社区发展的进程，家综在第三年成立社区健康服务队，推动更多居民参与社区议题的讨论，并鼓励街坊做"社区的主人"，为自己的社区多做事情。

在这个过程中，居民有了社区参与意识和经验，开始有意识地寻找针对具体社区问题的利益相关方一起参与社区事务。例如在青年人"万事袋"的制作过程中，青年人自己设计活动形式，社工主要负责提供丝印厂制作的信息，提供平台和渠道鼓励青少年向社区街坊口头宣传此次活动和通过微信宣传，这个过程也是推动"社区人议社区事"的过程。

第四章
社区参与服务模式下各项
服务的推行与发展

第一节 服务领域的形成

2011~2015 年，启创·北京街家综的服务领域根据居民需求的变化进行了两次大的调整。一是家庭及儿童服务。2011 年青少年服务包括儿童服务，到 2012 年，社工发现小学生与家庭联系紧密，12 岁以上的青少年自主性增强，更注重同辈关系，与家庭的关系相对疏离，两个群体的需求不同，于是将儿童服务从青少年服务中移到了家庭服务领域，改称"家庭及儿童服务"。

二是社区健康服务。2012 年 9 月，家综组建了社区行动组，目的是发现和满足社区的特殊需求，例如解决楼梯安全隐患、楼宇漏水等问题。2013 年，社区行动组改组，并入各个服务领域之中，其中社区环境改善的服务目标则与残障服务相结合，提高社区对残障人士的接纳度，促进残障人士的社区融入，并且向更多社区居民宣传健康生活的理念。

由于居民社区参与是家综的核心理念，家综的义工服务与培训被融入各个服务领域，通过挖掘各领域服务对象的优势与能力，将其转化为义工，回馈社区，从而增强居民的社区归属感，培育

"我是社区人，社区发展我有份"的公民意识。主要领域包括：①青少年领域的义工服务："青年卫士"义工发展计划、"青年力量"社区参与计划；②长者领域的义工服务："耆才展能计划""义满分——邻里互助计划"；③家庭及儿童领域："义彩童年老幼互助计划"，包括电脑导学组和探访组；④残障康复领域：残障人士社区共融活动及兴趣类康复小组中均有义工参与。

以下我们将具体介绍社区发展模式下启创·北京街家综如何界定不同居民群体的需求及为他们提供服务，每一部分我们都分成服务定位、需求评估、服务方案设计、服务成效及服务拓展方向 5 个部分来介绍。

第二节 建立长者社区互助网络，
回应社区养老需求

一 服务定位：社区养老是长者服务的重点

按照国际通行的看法，当一个国家或地区 60 岁及以上老年人口占人口总数的 10% 以上，即意味着这个国家或地区进入老龄化社会。① 北京街广卫片区是一个典型的老龄化社区，2011 年，该片区 60 岁及以上的人口有 8056 人，占全街总人口的 17.5%，这一比例在 2013 年小幅上升至 17.8%。《中国老龄事业发展报告（2013）》的数据显示，2013 年中国老龄化水平为 14.8%，北京街的老龄化水平高于全国。因此，全面认识和回应社区长者的需求成为启创·北京街家综社区服务的一大重点。北京街广卫片区长者人口统计学数据见表 4 - 1。

---

① 1982 年维也纳老龄问题世界大会，确定 60 岁及以上老年人口占总人口比例超过 10%，意味着这个国家或地区进入老龄化社会。

表 4 – 1   北京街广卫片区长者人口统计学数据

单位：人

年龄段	2011 年	2013 年
60 ~ 80 岁	6544	7215
81 ~ 100 岁	1504	2025
100 岁以上	8	6
总数	8056	9246

二　需求评估：对长者个性化需求和长者群体全面需求的评估

通过社区调研可以在短时间内大范围地了解长者群体，而通过开展长者服务，社工可以细致深入地了解长者的个性化需求。启创·北京街家综通过两种方式来了解社区长者的需求。

进入社区的第一年，家综对社区长者的基本情况、自理能力和社交活动进行了系统的调研评估，采取随机抽样调查的方法抽取了 1% 的长者，回收有效问卷 79 份。

第二年，家综的长者需求评估分为过程评估和调研评估，过程评估是根据长者参与服务的情况完成的，通过第一年的服务，家综的长者服务在社区形成了一定的知名度，一些长者主动找到家综，还有一些家庭有困难的长者也会在居民的带领下找社工。在调研评估方面，家综对都府社区和雅荷塘社区进行抽样访谈，到户访问 206 户，电话访问 302 户，建立了基本长者资料库。

第三年和第四年的长者需求评估主要在开展服务的过程中完成，例如居家安全评估和记忆力测试两种服务契合长者需求，容易调动义工参与，使家综的社工在提供服务的过程中能够深入了解长者的个性化需求。在此期间，家综也在街道的支持下开展了"长者社区养老"专项调查，298 位长者的社区养老需求得到了了解。

北京街家综对社区长者需求的系统评估见表 4 – 2。

表4－2　启创·北京街家综对社区长者需求的系统评估

保健需求：一些弱老生理机能衰退，行动缓慢或不便，有两种以上慢性病（骨骼、血压方面等），外出行动受限。由于身体健康对长者的生活有全方位的影响，因此社区长者的保健需求普遍很大	经济弱势：居住于非单位楼的部分长者无固定收入，需要子女赡养。其中居住在社区公房的老人较弱势，社工通过走访38栋社区公房，发现超过50%的家庭经济水平处于平均水平以下，以低保户、低收入户为主
情感陪伴：需要情感支持的长者群体包括：①经济弱势的长者。他们经常觉得自己是家庭的累赘；②北京街广卫片区的回迁户比较多，他们失去了原有的社交圈，经常感到老年漂泊、无根和孤独；③长期患病的长者及其照顾者精神压力大，影响了家庭关系特别是夫妻关系；④反映闲暇生活不够丰富、生活时感空虚的长者。社区里现有的为老服务，大多是由社区居委会提供的行政性服务，还有长者间自发组织的"发烧友"之类的兴趣小组活动，活动的组织性、针对性、持续性有限	社区照顾：超过五成的长者是独居或与配偶居住，30%的长者在社区的朋友少于3个，长者的社区支援有待加强。目前街内没有老人院，有入住院舍需要的长者需寻求街外的资源，社退人员只有8人进入社福机构，社区养老压力大。而街内享受居家养老服务的老人总数为56人，仅占全街老年人口的0.7%。其中，社区内不符合居家养老服务条件的独居弱老和双老户最需要社区养老的支援
社区参与：有意愿或有能力进行社区参与的长者群体有：①一些老干部及"老革命"；他们退休后存在心理落差，人生价值感减弱；②部分维权意识强的长者。他们会因为邻里矛盾等事情找居委会投诉甚至上访；③一些主动关注社区公共议题、身体较为健康的热心长者。这些长者不少是生活在单位宿舍楼，他们对经济的担忧少，自身文化程度较高，对社区归属感强	社区环境：居住环境的改变对长者生活影响很大。几十年广卫街经历房屋拆迁重修，一些居住在单位宿舍楼或自建房的老街坊搬出本社区，原有的楼层转卖或者出租，长者的交际网受到较大影响或者改变。同时街内没有电梯的旧楼占绝大部分，行走通道缺乏扶手、杂物堆积、照明不足等为长者带来了居家安全隐患，而且街区内有很多主干道车水马龙，限制了行动不便的弱老的活动空间

三　服务设计

1. 服务目标

针对北京街长者的特点和需求，以正向心理学为理论基础，以"快乐七式"为原则，发展长者的兴趣爱好，挖掘其潜能，充实其退休生活，提倡老有所乐。创建发挥平台，促进其参与社区

活动，实现自我价值，协助健老适应老年生活。同时，搭建社区长者间的互助平台，促进社区不同群间的互动及互助，共同关注社区建设，共建快乐社区。

2. 服务内容

（1）通过"康健乐颐年"计划，培养长者兴趣和能力，满足长者继续学习和康乐的需要，协助长者适应老年生活，充实退休生活，促进长者个人老有所学，老有所乐。同时，为个人情绪、精神层面，提供适合的社工辅导服务，陪伴长者面对人生困境。

（2）挖掘长者潜能，创建长者发挥能力的平台，制定、实行"耆才展能"计划，鼓励长者社区参与及长者间互助，在直接服务中体验付出、收获的快乐，促进长者老有所为。

（3）通过"义满分——邻里互助"计划，发动社区内不同年龄段及拥有不同资源的群体（健老、学生、青年人、医生、企业员工等）参与助老计划，关注和参与社区养老的照顾计划，推动长者社区支持网络的发展，共建互助快乐社区。

四 服务成效

4年以来，启创·北京街家综的长者服务经历了从直接服务到构建长者互助网络的过程，社工的角色也从服务提供者的单一角色转变为服务提供者与服务顾问的双重角色，未来希望在资源链接和政策倡导上有更大的作为。对此，长者服务队队长卢家雯将4年服务发展过程总结为：

第一年，提供铺垫性的、关系建立的直接服务。

第二年，服务细化，拓展到弱老。另外，提供预防发展性的服务，建立长者互助小组，鼓励较为年轻的长者对自己的退休生活进行安排。

第三年，弱老人数变多，社工评估社区养老的需求集中在日常生活照料和情感安排等方面。发动社区的青少年、儿童去关注长者，发展义工队为弱老提供情感支持。一些阿姨年轻时经常做义工，很容易受到义工精神的感染，她们觉得社工很辛苦，认为自己也要奉献，为最需要的人服务。

第四年，经过前3年，我们觉得对个别老人的关怀比较全面，同时希望在更多长者的生活照顾方面做得更好，提升社区养老在社区层面的影响。我们通过扫楼、一些居委人员提供的资料和街道的户籍老人信息，收集到300多户空巢老人的信息，了解到长者真正的需求是生活照料。不过，目前市内的居家养老服务是广州户籍的、80岁以上的、独居的或抚养残障子女的老人才能申请，空巢老人（包括独居老人和双老户）的申请资格一年前被取消了，我们希望相关部门制定更多的政策，给长者提供更多的资源。同时，建设互助网络，让长者得到更多人的照顾。虽然我们建立了不同的义工队伍，但在情感支持方面，比如吃饭、就医、打扫卫生、代购等，则需要持续性的帮助以满足长者的日常生活需要。我们准备从吃这方面着手，让地区内的餐厅结成联盟，为长者提供送餐服务。（家综长者服务队队长）

具体而言，可以对启创·北京街家综的服务成效做如下总结。

1. 提升康乐性服务的质量，丰富服务种类，丰富老年生活，展示长者能力

经过统计，长者参加学习、康乐社交、健康保健方面的活动最为积极。目前家综服务在每周一至周五，均有两个半天开展兴趣班或者小组活动，深得老年人喜欢，吸引一大批60~70岁的老年人主动到家综接受服务，在4年的服务中参与人数快速攀升，而老年人普遍反映希望活动能持续开展，并扩大规模。北京街家综中心长者服务情况见表4-3。

表 4-3　启创·北京街家综服务中心长者服务情况

	2011 年 12 月	2012 年 12 月	2013 年 12 月	2014 年 12 月
登记中心会员	80 人左右	150 人	327 人	386 人
每项服务平均参与人数	6~8 人	10~12 人	超过 15 人	超过 15 人
每位报名者轮候时长	无须轮候	3 个月	最长轮候半年	最长轮候半年

中心的活动类型推陈出新，满足老人多样化的兴趣爱好，如开办数码类电脑班、智能手机班、穿珠子班、丝网花班、吉他班、象棋班以及健康乐悠悠系列讲座等，增加老人的社交活动，使老人以家综为基点，提升自我效能感。其中，记忆力测试是 2013 年推出的，通过专业的记忆力测试以及健脑操活动，缓解长者记忆力衰退问题，从容面对老化。

为了扩大活动的覆盖面，从 2013 年起，家综积极联合越秀区长者综合服务中心，推进"颐居之家"计划和开展康颐趣味运动会。

本书下篇的"明里做，暗里收——一名抑郁长者走出家门的历程"就是个案辅导结合康乐活动，让一名已经被确诊为抑郁症的长者逐渐走出阴霾的案例。社工总结说：

> 案主的一句总结"明里做，暗里收"，一方面提升案主持续改变的动力，另一方面表明案主内化此次辅导的真正意义。案主在唱歌小组里实现从"助手""协作者"到"导师"的角色转变，总结自己的参与过程和参与后心得。从这句反馈当中可看出案主内化"助人为快乐之本"的含义。案主在辅导后期，经常反馈参与协助歌唱组的心得："表面上我帮助了高龄老人学唱歌，其实我心里感到一种无比的快乐，这种快乐感是因为高龄老人学会了唱一句歌词，而且这种快乐是我在以往的生活经验里从未感受到的。"（家综社工）

2. 鼓励长者成为活动助理、讲师、"大使"等，参与社区事务，发挥自我价值

从 2012 年起，家综已聚集了一群非常活跃的长者会员，他们由一开始的被动参加社工设计好的义工服务，逐渐发展成主动参与策划义工服务。通过退休人士舞蹈教授班、传统食品制作工作坊、"友善大使"接待交流团等，这些退休的长者作为家综活动的助理、讲师等，发挥所长，参与社区互动事务，提升自我价值。

之前对自己居住的社区不是很了解，可以说是"蒙查查"。但是参加了"友善大使"接待交流团后，逐渐发现了自己居住的社区是一个很有文化、能人很多的社区。我们通过接待前来参观的人，让更多的人了解社区的故事，同时也让更多的人看到我们这个社区的能力、街坊间的情谊。（《启创·北京街家综长者生命故事》小册子）

3. 使用传记式、叙述式、参与式、反思式的方式，讲述生命故事，重建长者自我价值

2014 年家综通过"生命故事"双赢计划深化辅导服务，促成大学生群体与长者群体的互动，提升长者对自我的认同感，肯定自己的过往。长者作为生命导师，回顾自己的人生历程，用人生经验引导当代大学生成长。最后家综将长者的故事制作成小册子，在社区内分享，通过长者自身的故事去鼓励身边的人积极面对人生。

社工观察发现，"生命故事"计划使参与计划的 15 位长者都有显著的变化，包括抑郁程度降低、对自我的认同感有所增强、参与社区服务的积极性增强、双老夫妻的相互支持增加、正确面对病痛衰老过程等。长者通过与朋友和家人分享自己的人生故事，提升了自身的自豪感和认同感。

4. 发掘弱老需求和链接社区资产，组建长者义工队，通过定期的电话联络、上门探访和义工探访，营造青年、儿童与长者之间的互助氛围，建立长者的社区照顾支援网络

家综开展探访、"扫楼"等外展服务，寻找因行动不便而无法外出的弱老，2014 年更大力搜集社区内空巢老人（独居长者、双老户）名单，以及进行一对一家访，对长者的身体、精神、家庭支持、社区支持等情况进行评估，从而深层次地发现社区长者的社区照顾需求（见表 4 - 4）。

表 4 - 4　启创·北京街家综对社区内长者群体的信息整理

单位：人

长者群体类型	2011 ~ 2012 年	2013 ~ 2014 年
社会化管理企业退休人员	4767	4767
孤寡老人	113	113
双老无子女老人	45	17
长期独居老人	108	251
特困孤老	34	141

为了回应社区内供不应求的养老需要，家综鼓励健老及其他社区居民共同关注身边的弱老。由家综的服务对象儿童组成的"义彩童年"义工队也为空巢老人定期送上问候。

目前，社区里有 8 ~ 20 个长者得到每个月一次的上门访问，20 个长者接受了每个月一次的电话访问。

5. 发动青年力量和社区企事业单位，关注居住在公房的长者居家安全

2013 年 9 月至 2014 年 12 月，家综通过上门提供居家安全评估，为 40 名长者筛查居家安全隐患，并给予相应的改善建议，同时为有需要的长者链接资源，成功为 15 名长者排除居家安全隐患。在关注长者居家安全的同时，在评估中家综发现长者居家安全隐患集中在行走通道缺乏扶手、行走空间杂物堆积、照明不足等方

面。发动青年力量、社区企事业单位对公房安全隐患加以关注，并筹集资金、资源成功为区内 3 栋公房走道装上扶手。

6. 联动社区医院保障长者的身体健康

在医疗方面，北京街的长者以前需要去医院，但对长者而言路途遥远，并不方便，可能导致医疗不及时的问题，比如在家里跌倒的老人不能及时得到治疗。启创·北京街家综主任和长者服务队队长拜访社区医院并建立个案转介关系。该医院以前为对社区范围内的长者提供医疗服务，从 2013 年开始增加对社区长者的探访服务，如果长者有些不舒服，可以去社区医院。如果是首次由家综介绍过去的长者，社区医院会派医生来长者家里，推行"家庭病床"服务。这样一来，社工定期关心长者，如果觉得有一些长者需要复诊，包括有身体上和情绪上的问题，就会向社区医院反馈。

五　服务拓展方向

1. 提高寻找社区及社会资源的能力，为居民需求链接适合的资源

大量的入户探访及家综日常活动的开展，使社工根据社区居民需求的增加而不断修正需求评估，认识到资源多元化链接对强化长者社区支援网络具有重大的现实意义。但在链接社区、社会各种资源方面的能力还是有所欠缺，尤其是在居家安全计划和邻舍互助计划方面，需要大量的人力、资金等资源，以建立社区支援网络，所以对辖区内外的多元化资源具备宏观层面的视角显得尤其重要。

2. 根据居民的特长和需要，发挥长者义工功能

作为市中心老城区的社区，北京街的老龄化问题非常严重，对空巢老人、独居老人的日常照顾和情感支援显得尤为重要。这个服务需要多方支援，联合政府、社会组织、志愿者、医院、长者日托服务机构、社区居民等拥有不同资源的群体与个人，逐渐建立长者由社区照顾的支援网络。提高这些团体及个人的参与积

极性，一同关注弱势长者，营造社区爱老护老的氛围。此外，持续实施"邻舍互助"计划，使得义工与空巢老人的结对、帮扶持续下去。

3. 服务设计仍需从宏观视角切入，营造社区层面、社会层面的爱老护老氛围

按部就班地推广促进个人发展的"康健乐颐年"计划、"耆才展能"计划以及"义满分——邻舍互助"计划，仍需从宏观视角切入，对社区养老和家庭养老等老龄化社会的重点问题进行反思。例如，为非本地户籍的长者争取更多政策资源，以及倡导空巢老人享受居家养老服务的政策福利。

第三节　青少年参与社区服务，改善社区环境，实现正向发展

一　服务定位：青少年群体是社区建设的力量

北京街广卫片区属于旧城区的范围，居住的长者人数多，但相关的服务设施不足，另外低保、低收入的家庭也较多，相对而言，青少年服务的需求并非最多，在衡量各方需求后，青少年服务在家综的定位就显得相对尴尬，故需要调整服务架构，重新定位。在之后的服务中，青少年群体更多地扮演了服务者的角色。一方面，参加区内的长者服务，进行跨代服务；另一方面，作为一个介入点，服务其家庭。

在综合服务中心的结构下，家综需要包揽社区的直接服务，在当前社工人数少、服务水平不高和资源配备不足的情况下，家综青少年服务只能停留在浅尝辄止的阶段，如果参与附近学校的支援服务就不能很好地回应学生的需要，但若采用全日制驻校方式则会给家综服务带来严重的影响，服务难以铺开。为此，结合

社区的需要，家综将青少年定位为社区建设的力量，让青少年参与各类服务，体验快乐助人的感受，传递正能量。

二　青少年群体的需求评估

北京街广卫片区内共有 14～24 岁的青少年 4291 人，其中有 1 所初中（豪贤中学），另外辖区内很多青少年都在附近的初中、高中、职业中学读书，如十三中、十七中、广州市财经职业学校、电大等。其中，2014 年豪贤中学学生人数约为 491 人，约占社区 14～24 岁青少年的 11.4%，青少年数量大且集中。青少年群体的需求评估以 2012 年学校问卷调查和 2013 年社区青少年状况调查所得结果为主，以 2014 年的青春期教育调查结果作为补充，以更深入地提供服务。启创·北京街家综历年青少年群体需求调查情况见表 4－5。

表 4－5　启创·北京街家综历年青少年群体需求调查

时间	对象	调查方法	内容
2011 年 1～3 月	11～16 岁的在校青少年	个别访谈、问卷调查	完成问卷数量 110 份，有效份数 105 份，通过整理及统计反映了区内青少年的现状
2012 年 3 月	越秀区豪贤中学初一学生	问卷调查	共发放及回收 204 份问卷
2013 年 12 月	辖区内的青少年群体	问卷调查	对 2011 年至 2013 年家访收集到的 168 份社区青少年状况调查表进行统计分析，问卷内容包括青少年个人兴趣爱好、家庭环境和家庭成员互动、朋辈网络、近期困扰和目标等，建立社区青少年的基本资料库
2014 年 3 月	越秀区豪贤中学初一学生	问卷调查	向该校初一全体 181 名学生派发问卷，回收问卷 171 份。问卷以青春期教育为主题

三　需求分析

从家综 2014 年青少年个案辅导的情况来看，65.7% 是个人成长困扰，其次是家庭关系和资源链接。在个人成长困扰中，人际交往和学习方面的困扰较大，分别占 28.6%、14.3%，社工需对青少年的人际交往和学习方面有更多的关注，支援青少年的正向成长。

1. 青少年对发展性服务需求大，喜欢兴趣休闲类的活动

北京街辖区内活动设施等相关配套比较缺乏，而辖区附近属繁华的商业带，新潮的地方非常多，对青少年来说吸引力非常大，因此，北京街青少年的成长需要正向引导。学校问卷显示，有 80% 的学生表示他们喜欢与朋友谈论兴趣方面的问题，而平时喜欢与朋友一起从事的活动主要为看电影、玩网络游戏、逛街，其次是学习。社区入户调查则显示 56.3% 的青少年最希望参加的活动为运动，其次为义工活动和艺术类和 DIY 类活动。家综开展了两年服务后，发现音乐类、手工制作类如 DIY 美食、运动类的兴趣小组很受欢迎，如吉他小组已开展到第 9 期，不断有青少年参与。

2. 青少年有诸多青春期困惑，青春期教育的空间大、领域宽

根据青春期调查问卷分析，在青少年期望了解的内容中，"情绪管理"的比例最高，占 51.5%，"心理变化"占 42.3%，"生理变化"和"如何保护自己"各占 39.3%，"如何与同性和异性相处"占 36.2%。他们对青春期提出的疑问包括：月经来了还会长高吗？为什么其他同学很少变声，我已经变了？痘痘什么时候会消失？早恋违法吗？叛逆心理正常吗？如何跟异性相处？……由调查了解到，青少年的青春期教育需求包括生理变化、心理变化、情绪管理、人际交往、自我保护等各个方面。

3. 部分青少年缺乏人生目标，学习兴趣不足

学校的青少年希望社工提供趣味学习类和职业生涯规划类服

务。问卷显示近半数的青少年不知道自己有何目标，对生涯规划感到迷茫。近52%的学生表示有学习压力，42%的同学表示没有掌握合适的学习方法，31%的学生表示对学习无兴趣，61%的学生希望社工开展趣味学习主题活动。

4. 青少年需要在本社区建立朋辈网络，提高自身的沟通技巧和自信心

数据显示，当遇到困难的时候，有33.82%的学生会选择向朋友求助，这部分学生中有93%表示他们遇到困难会得到一个或一个以上的朋友帮忙。对于同辈沟通，一半的学生觉得自己需要改善沟通技巧和增强自信心。有部分青少年反映童年时期在社区关系较密切的朋友，长大后变得生疏，期望改变这种朋辈关系，维系从前亲密的友情。

5. 父母与青少年的相互理解需要增强，家庭内部的互动需要增加

通过学校的调查发现，只有20.6%的学生遇到问题会向家人求助，37%的学生表示有烦恼不会与父母沟通。学生一般遇到学习方面和兴趣爱好方面的困难会与父母沟通。在与父母的关系中，学生觉得需要改善的主要是与父母的相互理解方面，高达45.2%的学生认同这一点。通过社区的入户访谈，社工发现只有23.7%的青少年表示会有定期的家庭聚会，高达76.3%的青少年不清楚什么是家庭日，甚至没有参与过任何家庭日，因此，家庭内部的互动需要增加。

四　服务设计

1. 服务目标

以正向心理学为理论基础，以"快乐七式"为原则，充分发挥青少年的优势，促进青少年认识自我和进行自我表达能力的提高，激发青少年的正向快乐能量，提升个人能力，同时凝聚他们的力量，关注本地文化、社会民生、社区建设，成为"A+"青少年。

2. 服务内容

"青春梦工场"计划。开展各类多元智能活动，包括组建美食小组、日语体验小组、吉他初阶小组、篮球小组、广播剧创作小组和开展青春期教育活动等，满足青少年在这个阶段各方面的需要，促进青少年健康成长。同时，开展个案辅导服务，帮助青少年寻找生命导师，让导师陪伴青少年面对成长困扰，有效解决问题。给予青少年展示的平台，让其放飞青春梦想。

"快乐 Teen 同行"计划。通过历奇服务、学生领袖小组等，让青少年提升沟通和合作能力，构建朋辈互助网络。同时，创建家长工作坊，关注家长的亲职教育需要，建立青少年的家庭支持网络。

"青年力量"服务计划。通过"美味传情""万事屋""耆乐出行特工队"等，提升青少年群体对其他弱势群体的关注度，体验付出的快乐。同时，开展广卫旅行社、YOUNG 力量论坛、青年文化营造等计划，发挥青年力量，以青少年独特的角度发掘社区的资产，改善社区环境，增强青少年对社区的归属感，促进社区发展，共建快乐社区。

五　服务成效

承接了前3年的服务，启创·北京街家综的基础服务得到较大的发展，需要让服务覆盖面更广，更深入地了解青少年群体，满足青少年在这个阶段各方面的需要，促进青少年的个人成长。具体有以下4个方面。

1. 发展青少年的多元兴趣，挖掘潜能，提升能力，使其得到展示的机会，获得成就感

截至2014年12月31日，在启创·北京街家综注册的青少年会员有151名，2014年新增48名。其中，青少年对音乐类、美食类、运动类服务的参与度最高，大多表示获得了新的知识，认识了新的朋友，并表示愿意继续参与家综服务。其中，吉他兴趣班

已开展到第 9 期，美食 DIY 系列服务也非常受青少年欢迎，两类服务逐渐变为精品服务，可接受青少年长期报名。

启创·北京街家综根据青少年富有活力、创意无限的特点，搭建青春梦想展现的平台，组建了一支乐队"Nothing"，青少年在舞台上展示自我、获得了大家的肯定。青少年在创作中获得成就感。

第 2 期的吉他进阶小组有了很多新尝试。活动中加入了创作的元素，大家以《我的骄傲》这首广为人知的歌曲为背景音乐，以"朋友"和"社区"为主题进行歌曲填词。其实作词并不像大家想的那样困难，当然更难不倒创意无限的年轻人。组员们分成两组进行创作，结合大家生活的经历和听歌无数积累的乐感，很快就填出有模有样的歌词，很赞噢！而大家的创作过程已经上传到网上，还不赶紧打开家综微博搜寻一下，真的不容错过！音乐让大家的关系拉近了不少，小组活动结束后，组员们成了好朋友，平时还会联系，就学习、生活和音乐上的事情进行沟通和交流。（活动回顾）

2014 年启创·北京街家综驻豪贤中学社工开展了青春期教育班会课，以人际交往和情绪管理为主题，协助初中生认识青春期阶段的生理和心理变化，有效控制自己的情绪，建立正向的交友观，更好地选择良师益友，促进青年人更顺利地度过初中风暴期。课程得到学生的欢迎及学校的认可，与学校在下一年的合作延续了下来。

2. 为有困扰的青少年提供发展机会，营造正面环境，促进青少年的正向发展

青少年正向发展（Positive Youth Development）是近 20 年由北美提出的青少年心理学的一个范式转移，它着眼于青少年的天赋、强项、兴趣和潜能，而不是把重点放在青少年成长问题上。与之

相反，过去社会科学或精神科学则从"病态模式"来看待青少年，关注校园暴力、网瘾等问题。启创·北京街家综采用发展模式，着重年轻人的成长、学习与改变，鼓励青少年接触品性好的成人，消除造成青少年成长困扰和偏差行为的不良环境因素。启创·北京街家综的青少年社工将青少年及其成长环境的关系比喻成船和风的关系，"船没有风，无法扬起白白的帆，更无法在浩瀚大海中航行"，以下是一个社工让案主找到前进的风，从而让原本迷失方向的"帆船"乘风破浪的个案。

迷失的帆

小帆是一位初二的学生，最近感到很烦恼，无论学习多努力也没有效果，对自己越来越没有信心。在偶然的一次小组分享中，小帆跟社工述说了自己的情况，社工了解后，开始与小帆一起整理这种来自学习方面的情绪。在这个过程中社工发现小帆的学习动机较强，但家庭无法给予小帆他所需要的学习支持。

难道一条本可以乘风破浪的帆船就要这样没有方向地迷失下去吗？

勇敢寻风

为了让小帆找回自信心，社工与小帆共同制订了义工支援计划，与社区的其他青少年一起进行了为期一个月的学习小组活动。在初期，小帆对自己很不自信，不敢肯定自己的答案，回应老师问题时声音非常小。

社工与义教老师就小帆的情况进行了讨论，针对小帆的情况调整方案。经过多次的正确答题和正面肯定，小帆慢慢开始自信起来。另外，义工老师在小组活动后与小帆共同制订合适的学习方案，慢慢地社工在与小帆的接触中，发现小帆对知识点的掌握更加清晰，对自己的优点和不足认识得更加清晰。

在小组活动结束后的一次月考中，小帆的进步很大，小帆向社工及义工老师表达了他的感激。同时，社工肯定了小帆的努力。

在之后的几次考试中，小帆的成绩非常稳定。小帆找到了让其继续前行的风，寻找到了适合自己的方法，也更明白了自己的优势。

这股风会助他欣赏一路上的风景，慢慢行驶到彼岸。

像小帆这样正向发展的青少年个案在家综还有很多。例如小俊，他喜欢挑战家综的规则，与社工抬杠，与其他青少年对着干，社工让其做青年空间助理工作，让"捣乱者"换位为"管理者"，为的是使其懂得遵守家综规则，减少不合作的行为，学会尊重他人。

3. 青少年自主求助及学校居委会转介情况增多，服务扩展到社区的"隐蔽青年"及就业青年

从2014年青少年个案的来源来看有以下两点发现：第一：在青少年服务开展了3年后，服务对象对社工服务的认识度有所提升，能够主动向社工求助，呈现自主求助现象逐步增多的态势，占全部来源的42.8%。同时，社工也加强了与居委会的联系，及时了解社区居民的需求，并针对个别居民提供个案服务。居委会转介有所增加。

此外，家综青少年服务对象从主动到家综参与服务的青少年群体逐步扩展到其他在家的青少年。另外，从2014年3月开始尝试开展适龄就业青年服务，发现就业青年难以有空闲时间参与社区服务，因此义工主要以不定期的方式邀请就业青年参与社区服务。

4. 通过驻校服务推行团康及学生领袖培训，增进青少年相互的沟通和合作，使朋辈支援网络更牢固，以帮助青少年更好地面对困难

2014年，社工开展了1次学生领袖小组活动、5次团康服务、

1 次家长工作坊活动，服务了 333 人。团康服务在学校支援服务中是一个很好的方法，对于初一新生，团康服务能够促进青少年更快适应学校生活，加强其与同学间的联系。

在历奇游戏中，组员努力付出自己的力量，奋力完成任务，共同达成小组目标。一个班就像一个小组，需要每位同学共同努力才能让班级成为优秀的班集体。在坦克履带游戏中，组员们觉得印象最深刻的事分别为：

A 君：我们组非常团结，一起制作好履带，全组人都很配合地进行游戏。

B 君：游戏过程中全组人一起合作。

C 君：在这个过程中虽然履带断了，但我们还是坚持遵守规则，一起在原地修补履带。

D 君：在游戏中，我们全组都积极贡献了自己的物品。

对于初二学生，团康服务使青少年之间的关系更加紧密，班级同学更加团结。过去两年驻校服务的尝试，使团康服务深受学生和老师的喜爱，2014 年在豪贤中学继续开展了两次大型的团康服务，以促进班内同学间的沟通与合作，增强班集体的凝聚力，帮助新生构建朋辈支持网络。同时，团康服务推广到广州市第十三中学初中部的学生。

另外，社工也以学生领袖小组的形式，运用小组动力理论，促进组员的交流与互动，使学生在团体体验中获得成长。社工在学校开展家长工作坊活动，关注家长的亲子教育需要，让家长对青春期阶段的孩子有更多的认识和理解，建立青少年的家庭支持网络。

5. 通过义工服务及支援性服务，为社区参与增加青年力量

截至 2014 年 12 月 31 日，家综青少年服务共开展了 11 次义工小组活动，占专业小组活动的 64.7%。家综也与附近的财经学校、

广州市第十三中高中部联系，让青少年走出学校、走进社区。

以青少年为主体参与的义工服务类别有两种。第一，关注弱势群体的义工服务，包括美味传情计划、耆乐出行特工队、万事屋计划等，提升青少年群体对其他弱势群体的关注度，以直接的服务收获认同感，体验付出的快乐。第二，关注社区环境和文化营造的义工服务，如粤港交流服务、物物交换小组活动、Young 力量论坛、"潮爆墙头"青年文化营造计划等，通过青少年的参与，发挥青年力量，增强他们与社区的联系，促进青少年认识社区，了解社区需求，用他们的实践方法、语言和行动去回应社区的需要，为社区的建设贡献力量。

2014 年，青少年服务队取得了 4 所学校的校外志愿服务资格，包括广卫辖区内的豪贤中学、辖区附近的广州市第十三中学的初中部和高中部和广州市财经职业技术学校，扩大了服务覆盖范围。

六　服务发展方向

经过多年的服务开展，启创·北京街家综与社区青少年逐步建立关系，也让更多的青少年参与家综服务，针对目前的青少年服务，还有几个方面的内容需要考虑。

1. 加强青少年发展性服务的展示平台建设

目前较受欢迎的发展性服务包括美食小组活动、日语体验小组活动、吉他初阶小组活动、篮球小组活动、手工 DIY 小组活动等，这些服务也有相应的成果，但展示平台欠缺，社工应主动链接外界资源，寻找服务的展示平台，如举办比赛、开展发布会、安排表演、在图书馆或美术馆进行作品展示等，让青少年能够展示自我，获得认可和肯定。

2. 总结服务经验，将特色服务项目化

启创·北京街家综青少年服务已开展 4 年，积累了一定的服务经验，社工需加强对服务经验的总结，如分享团康服务在中学开展的做法和经验、分享青春期教育程序等，及时进行服务反思，

将成功的经验分享给同行，从而互相交流、学习。同时，社工需学习服务设计的系统性和逻辑性，将特色服务项目化，使服务更清晰、更有阶段性，以更好地整合社区资源。

3. 需要进一步了解社区需求，寻找社区资产及社会资源

通过多年服务的开展，北京街社区的青少年对社工已有一定的认识，对社工服务的要求逐渐提高，而社区中青少年可获得的资源有限，需要社工提供或链接更多的资源，如就业信息等，协助青少年更好地成长。

第四节　以亲子服务带动家庭参与社区

一　服务定位：亲子关系是家庭及儿童服务的核心

家庭可以容纳不同人群，包括残障人士、长者、青少年等，服务对象及服务内容的定位可以有多种。启创·北京街家综的家庭及儿童服务目前主要服务的是 13 岁及以下儿童及其家庭，以及有未成年子女的低保家庭，包括儿童、家长、家庭中的长者或残障人士等，以家庭视角开展服务。核心服务是亲子关系培育，面向服务群体提供预防性、普及性和个人成长性的服务，兼有面向低保、低收家庭的、结合生活环境的个案介入。该服务队队长说：

为什么不做夫妻关系而是亲子关系的服务？按照萨提亚的家庭治疗理论，其实夫妻关系是横向的，亲子关系是纵向的，理论上来说，夫妻关系对亲子关系的影响更大，可以理解为夫妻关系更为重要。但做服务时发现，在中国的传统文化影响下，一开始做夫妻关系的服务没有人理睬，"家丑不外扬"，个案可以做，但若利用其他工作手法，如小组活动，大家不习惯把它讲出来。另外，家长觉得为了孩子，即使夫妻

关系不和睦也能忍受，忽视了自己的需要。当我们理解家长们的心态之后，我们明白夫妻关系方面的服务需与亲子关系的服务相结合，以亲子服务为"诱饵"，吸引更多夫妻和孩子一起前来中心接受服务，这样夫妻关系和亲子关系的服务便能顺利开展。（家综家儿服务队队长）

二　需求调查

启创·北京街家综家庭及儿童领域的服务对象主要是社区13岁及以下儿童家庭及低保、低收家庭。

1. 对低保、低收家庭的需求调查

2011年进入社区开展服务前，社工通过抽样方式，面向社区内51户低保、低收家庭做了问卷调查及访谈。2014年，社工针对广卫片区内的21户有未成年子女的低保、低收家庭进行深度家访和问卷调查。

2. 对一般家庭的需求调查

2012年，家综采用开放式问卷调查、扫楼式家访、访谈等方式收集对家庭及儿童的需求。2013年，家综在持续服务中，通过家访、外展等方式收集居民意见，共开展社区外展18次，共为1141人提供了外展服务，家访居民达551户。同时通过分析过往服务报名情况、参与情况等梳理服务对象的需求。

三　需求分析

1. 社区家长对子女教育问题的关注度高

启创·北京街家综于2012年对已参与服务的家庭所进行的调查显示，家长对子女教育问题关注最高，超过30%的家长对子女教育问题存在无力感。在2011～2013年开展的个案服务中，有超过60%的个案跟子女教育有关。2014年上半年，超过60%的个

案跟子女教育有关。在社工日常与家长沟通的过程中，家长经常会提到对子女教育问题的困惑。从这些服务数字中不难发现，家长对子女教育方面的需求很迫切。社工分析认为，社区的家长多数是双职工，受教育程度一般，教育理念比较传统，可以通过亲子教育倡导正面、积极的教育。

2. 低保、低收家庭的需求多元化，经济资源支持和子女教育需求明显

社工发现，低保、低收家庭的父母受教育程度较低，普遍忙于生计而没有时间参加家综举办的集体活动，他们的收入来源是低保和灵活就业，日常的衣食住行需求能够得到满足，但在福利政策和子女教育上需要更多支援。

在福利政策方面，低保、低收家庭获取政策优惠的渠道和能力有限，他们大致了解低保政策及子女教育优惠政策，但对其他政策信息不了解，如退休政策、公租房政策、医疗政策等，他们接受社工的个案服务时常常向社工咨询政策信息。

低保、低收家庭的未成年子女主要集中在 13～18 岁，家长的年龄集中在 41～60 岁，父母与子女之间的年龄差距大，一些家长对亲子沟通产生困惑。家长们普遍把希望寄予下一代，又无力承担昂贵的课外学习费用，他们非常希望子女有机会参加兴趣学堂等。

3. 社区幼儿家庭服务需求明显，家长参与积极性高，期望与其他家庭互动

社工发现，社区内 20 多岁刚做父母的家庭参与家庭服务的积极性高，愿意自付一些活动的成本费用，这与他们的受教育程度较高并追求科学先进的教育理念有关。家综于 2013 年 4 月开始尝试开展幼儿服务，服务的参与度很高。活动反馈显示，孩子们很喜欢参与家综开展的幼儿服务，幼儿家长对孩子的成长和教育十分关注并有动力参与。此外，家长表示期望通过参与家综服务与其他家庭互动，让孩子有机会接触更多同伴。

4. 社区儿童个人多元化发展需求大，对服务的质量要求高

社区内提供的趣味学习机会不多，培训机构费用比较高，普通家庭难以承受，而家长希望孩子能够多元化发展。通过整理2013 年服务推行的情况可发现，艺术类、运动类的兴趣班非常受欢迎，如绘画班、乒乓球班、羽毛球班等，报名人数多，基本都需要轮候一两期才能参与。在活动过程中，儿童的参与积极性高，出席率也比较高。伴随服务的推行，社工发现家庭对传统的活动形式（如游园活动）兴趣降低，这激发社工寻找更新颖的服务形式，例如引入"自由游戏"（Free Play），通过更加富有趣味和创造性的服务，促进儿童在情绪、智能、体能、创意和社交能力方面的发展。

四　服务设计

根据服务对象需求和家综服务理念，从"快乐个人—快乐家庭—快乐社区"出发，关注个人及家庭的成长。此外，更鼓励个人及家庭回归社区，参与社区建设，建立快乐社区。加强对相关政策的了解和运用，增强幼儿服务的系统性。在儿童方面，发展儿童的兴趣爱好，发掘其潜能，增强其自信心，提升儿童自我管理能力，提高儿童的抗逆能力，促进儿童对家庭及社区的参与和付出，关注特殊需要的儿童。在家长方面，倡导家长关注自身需要，提升家长的亲职教育能力，促进家长之间的交流互助。在家庭方面，促进家庭成员的沟通与互动，提升家庭的抗逆力，从而建立快乐家庭。同时，搭建平台，促进社区家庭间的互动、互助，关注社区建设，服务社区，共建快乐社区。

挖掘社区及社会资源，开展"兴趣学堂"计划，为社区儿童免费提供学习类、技能类、运动类、游戏类兴趣班，开展各类成长型小组活动，满足社区儿童发展性和学习性需求，让儿童通过计划发掘潜能，提升自我价值和自我管理能力，提高抗逆能力，促进儿童快乐成长。

让家长参与子女的成长，以"亲子并行"计划为依托，组建亲子手工小组、亲子绘本故事会、豆豆种植小组、亲职教育小组等，促进家庭成员间的沟通、互动，提升家庭的亲职教育能力，提升家庭的抗逆能力，建设快乐家庭。其中重点推进幼儿亲子服务，通过亲子绘本故事会和亲子手工小组开展服务。

以"双向织网"计划为依托，与社区小学合作培养学生义工队伍，以家综为平台培养家庭义工，推动个人及家庭关注社区建设，关怀社区弱势人群，增强对社区的归属感，多多参与，体验付出和收获的快乐，促进社区共融，共建快乐社区。

五 服务成效

家综服务有序推进，2011 年以服务家综周边居民为主，辐射辖区其他社区居民。2012 年毗邻广中路小学的都府服务点建立，服务群体数量有所增加。2013 年，家庭及儿童服务增加了幼儿家庭服务，服务群体覆盖面更广泛。2014 年家庭及儿童服务引进"自由游戏"理念，增强了家庭及儿童服务的创新能力。

1. 为社区儿童提供兴趣班和成长小组，提高服务创新性，满足儿童多元化发展需求

家综持续通过"兴趣学堂"计划为儿童提供多种兴趣培养平台。家庭及儿童服务部组建兴趣班共 21 个，共 1854 人次参与，涵盖 4~12 岁儿童，形成绘画、手工、运动、课外辅导、游戏五大品牌，满足社区儿童的学习性需求，培养其优势和特长，提升其自信心，促进儿童快乐成长。开展成长性小组及团体活动共 8 次，主题涉及情绪管理、专注力训练、生命教育等，共 368 人次参与，满足社区儿童的发展性需求，让儿童通过计划发掘潜能，学习自我管理，增强抗逆能力。在参与家综"兴趣学堂"过程中，社区内的儿童有机会互相认识，建立学校外的朋辈群体网络，提升儿童的人际交往能力，促进家庭的沟通交往。

社工认为兴趣类服务得到儿童喜爱和家长认可的原因有：

①"兴趣学堂"计划服务形式多元，内容有趣，符合各年龄段儿童的需要，服务质量有保证；②服务的创新，2014年引入香港"自由游戏"理念，使游戏类服务培养儿童在创意、社交、体能、情绪、智能多方面的效果得到提升；③免费和优质的儿童成长服务。

2. 针对学龄前儿童拓展了幼儿家庭服务内容，幼儿服务走向系统化

2012年，家庭及儿童服务的对象以学龄儿童及其家长为主，对学龄前儿童群体的服务只限于亲子活动。2013年4月，家综在社区内民办的雅宝幼儿园拓展了学龄前儿童的服务内容。

相对家庭及儿童服务的其他内容，幼儿服务相对较新，社工不断收集服务需要，调整服务内容。经过大半年的摸索，慢慢梳理清楚幼儿服务的发展方向。2014年以来，家综结合"快乐个人—快乐家庭—快乐社区"目标，以儿童绘本故事会、幼儿豆豆种植、亲子手工小组、儿童游戏小组等活动为载体，重点在幼儿多元智能培养、亲子教育等方面，另外也通过与幼儿园及家综的社区健康服务部合作，务求幼儿家庭服务的开展更加系统、顺畅。

在幼儿园，一开始是社工带领小朋友做游戏，后面以种植服务和亲子绘本服务为主。在开展两期种植服务后，改为由社区健康服务部的社工去跟进。在幼儿兴趣培养与亲子教育方面，以亲子绘本活动为例，社工在实践中发现，幼儿对纯文字的书本的兴趣比较小，绘本故事比单纯的文字故事更加直观，可以培养幼儿的美学素养，发展艺术教育，更可以触动幼儿的阅读兴趣，诱发阅读行动。不过绘本阅读并不是让孩子翻翻图画本、家长随意讲解几句那么简单。一本优秀的绘本不只是具象地呈现图画，绘本创作者常以丰富的图像信息来传递思想和用意。如果读者在阅读绘本时，可以从对图像的感知展开想象和思考，结合生活经验，召唤相关的思维来响应图像的信息，阅读就能由外而内，发展成为心智活动，并能将具体的图像转化为特定的信息，理解作者传递的思想，掌握主旨与意义。绘本阅读是引领孩子去发现，以敏

锐的观察力、细腻的感受力与丰富的想象力发现阅读的种种惊奇和美好，可以提升孩子感受、思考与想象的能力，进而发展创造力，让孩子能自在流畅地表达学习所得，这是发展学习能力最有效的途径。这样一来，如何带领孩子去阅读绘本就显得十分关键。

家综通过社工带领幼儿阅读绘本和社工教授家长陪伴幼儿阅读绘本的小技巧两个方式，提升幼儿的能力，同时通过绘本阅读促进家长对孩子成长特点的了解，增进亲子感情。

3. 基于社区家庭教育的需求，促进亲子间的沟通，提升家长的亲子教育能力

家长寻求社区帮助的意愿增强。为满足家长的需要，在亲子沟通方面，家综开展亲子烘焙小组、亲子绘本故事会、亲子豆豆种植小组、快乐家庭日策划小组、亲子 DIY 手工小组等亲子小组活动。

此外，家综在"兴趣学堂"计划中开展各类儿童成长小组活动，提升儿童的情绪管理能力、专注力和克服困难的能力。作为家庭教育和学校教育的补充，在减轻家长压力的同时，儿童各种能力的提升也有效促进了亲子沟通和改善了亲子关系，使家庭得以和睦、快乐。

该计划得到孩子与家长的肯定和支持，不少家长表示，"没有人教你如何做家长，一直很苦恼，好在现在可以倾诉，还认识了志同道合的家长""孩子慢慢长大，越来越不听话，很多事情不会跟你说，以前总担心孩子变坏了，现在明白每个年龄段的孩子特点不同，我们要理解孩子"。通过亲子并行计划，越来越多的家长改变以往对子女管教的想法，理解孩子的成长变化，更多地鼓励陪伴孩子。

4. 增加对家长个人需要的关注力度

社工发现，家长常常倾向于为了照顾子女、照顾家人而牺牲自己的需要，他们作为独立个人的需要也缺少社区的关注。2014年，家庭及儿童服务部针对家长的兴趣开展了两期妈咪瑜伽小组，获得家长们的热烈欢迎，他们表示希望我们继续开展此类服务。未来，家庭及儿童服务将通过调查收集家长个人需要，为社区家

长提供健身、美容、手工等方面的兴趣班，倡导家长关注自身需要，促进家长之间的交流互助，达致快乐个人。

5. "小孩能做到"，培养儿童义工队，建立儿童与长者的互助网络

家庭及儿童服务部与社区小学合作建立了"广中路义彩童年义工队"，利用儿童义工活力充沛、富有感染力的特点，开展多期电脑导学小组活动，坚持日常探访长者，目前累计服务长者约200人次。儿童以实际行动倡导尊老敬老，在接触老人的过程中了解老人，在做义工的过程中，儿童自身的表达能力、观察能力、行动能力得到提升，他们已然成为联系长者与社区的重要纽带。社工孙晓寒说：

> 传统的观点认为小孩做不了什么，小孩的动手能力、解决问题能力不强，可是我们认为小孩是社区的希望，要从小培养。广中路小学与家儿服务有着良好的合作基础，学校认为义工服务对培养学生的助人精神极有裨益，这与家儿服务的理念一拍即合。而这时我们发现社区长者的一大需求，可以通过培养小学生义工来帮助长者。2011年的时候，社区老人学电脑的热情很高，负责长者服务工作的同事说电脑有限、社工有限，报长者电脑班要排队1年左右，我们家儿服务部的社工认为五六年级的学生有能力教老人操作电脑。在实际操作时，发现孩子们能力不错，但在教长者使用电脑时遇到不少困难，例如教的速度过快，表达不够清晰，长者没理解。我们就教他们要有耐心，比如教长者左击鼠标时，要说"左手放在鼠标左键点两下"，跟老人说话时要稍微大声一点。学生们通过这样的义工服务，成长很快，懂得表达关心，能感受老人的情感，从"一开始以为老人都是很啰唆，死气沉沉"到"老人很厉害，好学有耐心有毅力"。两个群体在互相鼓励中建立关系。一些长者和社工原来对这项义工服务半信半疑，

担心小孩教不好令老人尴尬，可服务开展不久他们都相信了小孩有教人的潜力。

6. 动用家庭义工力量，从"快乐个人—快乐家庭—快乐社区"出发，促进个人及家庭回归社区，参与社区建设，建立快乐社区

社工以"双向织网"计划为依托，以"快乐七式"之"为善最乐"为指引，培养家庭义工，通过快乐家庭日活动、亲子 DIY 作品义卖等方式，引导社区家庭为社区建设出一份力。家长义工成熟稳重，能够联络各种社会资源，儿童义工活泼好动，能带来活力和希望，亲子搭档的参与更能改善亲子关系，在助人的过程中促进家庭成员的互助。

另外，社工以传统节日为切入点，组织了多项亲子活动，促进社区家庭的交流互动。例如，家综通过家庭会员的平台，每季度开展一次"快乐家庭日"活动，组织父母和孩子一起外出游玩，增加父母与孩子之间的沟通交流，促进社区家庭间的互动，拉近社区邻里关系。在社区内开展母亲节活动、"六一"儿童节暨第二季会员生日会活动、七夕游园活动等，促进社区不同家庭、群体间的融合，在共融的互动中体验快乐。

7. 关注特殊家庭的需求，对低保、低收家庭进行个案介入

目前开展的个案类型主要有：亲职教育①方面（11 例，单亲家庭占 6 例）、低保家庭服务方面（主要为资源支持，8 例）、个人成长服务方面（主要针对人际关系、特殊儿童需要等，6 例）。除了为这类特殊家庭提供有针对性的个案服务之外，还提供亲子小组活动，促进单亲家庭中家长与子女的沟通，通过家访和个案服务鼓励这些家庭参与社区活动，增进与其他家庭的交流。

---

① 亲职教育为西方诸国 20 世纪 30 年代所倡导，这种教育在德国称为"双亲"教育（Elternbildug），美国称之为"Parental Education"，我国台湾学者译为"亲职教育"，其含义为对家长进行的如何成为一个合格称职的好家长的专门教育。俄罗斯学者称之为"家长教育"或"家长的教育"。

家庭及儿童服务加强与居委会的合作，积极与居委会人员沟通联动，一起上门探访，为个案筹款、联系媒体、寻找资源等。

六 服务拓展方向

1. 面对低保、低收家庭，加强对相关政策和社会资源的了解和运用

社工发现，低保、低收家庭很多是因病致贫，有残疾人家庭、单亲家庭，或者家里只有一个劳动力，缺钱、缺房子和孩子的教育经费，而家综的资源非常有限，单靠服务经费难以满足低保、低收家庭经济上的需要。社区里曾经有低保家庭的癌症病人由于医保制度的帮助有限而寻求社工帮助，一些医疗救助只是一次性的，远远不够，社工试着为其寻找资源，但基金会主要给予贫困儿童、生病儿童支持，很少给予生病的大人支持，募捐情况也不理想。社工很困惑，还有什么资源可以给这些低保家庭呢？

面对低保、低收家庭的经济需要，家庭及儿童服务的社工正在加强对政策的了解和运用，协助这些家庭申请相关资源以缓解家庭的经济困难，未来将需要积极与街道、居委会工作人员沟通，以便更好地协助低保、低收家庭申请资源。

2. 需要更好地动用家庭义工力量

以家综为平台培养家庭义工，目前学生义工活动顺利开展，受到参与者与社区街坊的好评与支持，但是家庭义工的培养相对艰难，主要是因为家长忙于生计，空闲时间比较不稳定，同时大家服务社区的意识比较薄弱。因此社工进行反思，探索新的家庭义工开展形式，以亲子小组为依托，让家长通过亲手制作义卖品、策划活动等方式参与进来，进而引导他们协助社区活动，从而发挥家庭义工的力量。

3. 家庭服务的领域延伸至夫妻关系、婆媳关系等，动员男性和较为年长的家长参与服务

家庭服务开展几年以来，社区居民对夫妻关系、婆媳关系很

少求助，社区的文化使他们不容易把这些事情放到台面上，会选择逃避问题。而社工发现一些因为子女教育问题来求助的案主不只是面临亲子沟通的困扰，还有夫妻教育理念不同和婆媳矛盾的困扰。

　　家综曾接过两三个涉及夫妻关系和婆媳关系的个案，一个是比较单纯的夫妻关系，妈妈为孩子的问题来求助，认为夫妻关系不是很好，但这个妈妈的关注焦点在孩子。我们分析其实这个孩子的很多问题跟爸爸有关，爸爸会在孩子做作业的时候喂他吃东西。我们尝试邀请她跟丈夫一起来，做了很多尝试，但她都退缩了，没有勇气跟丈夫提这样的要求。我们想过很多办法，比如制定做功课和吃零食的流程，建议不要单独做饭给孩子吃，要让全家人一起吃饭，但没有从根本上解决问题。另外一个案主也是因亲子问题来求助，谈着谈着，就说到跟丈夫的小矛盾，延伸到丈夫不想要这个小孩，以及婆婆对她的指责，她说得泪流满面。但当社工鼓励她尝试与婆婆沟通时，她便退缩了，有很多顾虑。（家综家儿服务队队长）

　　夫妻关系、婆媳关系对家庭和谐有重要的影响，但家综对这些服务领域较少涉及，提供家庭及儿童服务的社工比较年轻，对亲密关系缺乏亲身经历和理解，在做夫妻关系方面的工作时会有困难。因此，家庭及儿童服务未来将在维持现有服务的基础上做出调整，尝试关注家庭中的夫妻关系，开展相关服务，积累相关经验。目前，家综尝试通过七夕活动来处理社区中潜在的亲密关系问题，但出于观念的限制，很少有居民报名。另外，家综也做过爸爸方面的工作，比如举办父亲节、感恩节活动，发现只有跟亲子活动结合，才会有爸爸愿意参与。

第五节 促进残障人士社区共融，培养居民可持续生活态度，提升社区健康水平

一 服务理念：残障人士的个体健康取决于社区的整体健康

经过几年扎根于社区的服务工作，北京街居民由被动接收，慢慢变为主动求助，部分居民在社工的带动下，成为社区领袖，参与社区建设，协助社区发展。可见家综有策略地推进社区支持互助网络建设，已逐步发挥作用。可见，家综服务除了服务不同人群外，还将各项服务进行有机整合，促进居民有序参与社区建设，共建一个快乐幸福的社区。

家综在服务中观察到社区居民对健康（生理健康、精神健康）及其相关服务的需求量较大。我们在 2012～2013 年度个案跟进中发现，不同年龄段的居民对压力应对方法的需求都较强烈，而更大的问题是有一部分有不同程度抑郁和焦虑的个案不在残障人士花名册内。

正向心理学指出：预防胜于治疗。对健康的关注应跨越不同的年龄段，每个人都需要拥有健康。营造快乐社区，健康是其中一个很重要的元素。健康不只是个人的健康，更重要的是社区的健康。健康社区由健康的人、良好的邻里关系、健康的社区环境组成。其中健康的人是身心健康，健康人需要有健康的生活态度。

启创·北京街家综社工通过引导社区成员进行社区参与，激发其对社区的认同感和归属感，即以"社会人"的打造作为基本假设，不同服务均以"社区网络发展""邻里互助"作为长期目标，实现社区参与的整合功能，改变弱势群体以往面对困难被动向外寻求帮助的状态，建构整个社区居民之间的社会支持网络。借此，家综打造综合服务，更加立足社区，更着重发挥社区邻里

守望相助的精神与传统，整合社区中各个网络系统及资源，增强社区本身的和谐共融力量。

二 需求评估

1. 对社区残障人士的需求评估

北京街实住辖区内有 359 位残障人士，主要是男性（占 61.3%）、中老年人（86% 年龄超过 40 岁）、肢体及精神类残疾人士（占 23%）。

2012 年 3~6 月，启创·北京街家综制定了残障服务的评估表，包括被访者的基本信息，评估项目包括人际关系、社区关系、经济来源、身体机能、自理能力及期望的服务与改变等基本内容。通过家访、电访等方式，以居委会为单位探访实住在北京街广卫片区的服务对象，总共探访及电访 199 户。通过系统的评估，对残障人士的基本状况有了了解，建立了初步的关系，发现了不同类别残障人士的需求。家综通过正常化展能计划、"家"一点爱家属支援计划、社区无障碍计划满足残障人士的需求，并在服务过程中动态地评估服务对象的需求。

通过汇总有关数据，社工发现残障人士的健康状况在很大程度地影响了其日常生活。另外，他们在面临疾病、经济、家庭关系等方面的问题时，期望得到外界的支持。

（1）医药费开支大。

社区残障人士主要依靠退休金及家属抚养生活，能维持基本生活。然而，该群体中患高血压、心脏病、糖尿病等疾病的人士较多，需要长期服药，医药费开支是重要的生活支出，遇有重大疾病时患者及其家庭往往陷入经济困难的境地。部分没购买居民医保的人士要自付全部医药费用，需要医疗救助。此外，精神病人在服药治疗后会受到不同程度副作用的影响，影响他们的日常生活。

（2）家庭照顾不足。

残障人士多数与家属同住，家属在日常生活照顾、经济支持、情感支持等方面扮演重要的角色，尤其是父母及配偶的支持尤为重要。大部分残障人士有自我照顾能力，智力类服务对象则明显缺乏自我照顾能力，基本没有生活技能，家属照顾压力大，但缺乏相关技巧。

（3）社区社交活动较少。

残障人士的社区社交活动普遍较少。其中，智障及精神类服务对象大多不能独立参与社区活动，部分人士拒绝参与社区活动。听力或语言类服务对象与人沟通存在困难，较少与社区居民接触，但配偶或家人为非残障人士的家庭会与社区居民交流。肢体类残疾人往往活动不便、活动范围有限，在社区活动中需要义工帮忙。社区中也有轻度残疾者，退休后由家人供养，他们的社交空间较为狭小，但部分人拥有较强的社区参与动力，想结识更多的朋友或参与社区的活动，以丰富自己的生活。

通过社区调研，社工认为家综可以通过社区教育回应残障人士的需求，减少社区人士对服务对象的不了解、误解甚至排斥，培养服务对象的社交自信心和社交能力。

2. 对一般居民的需求评估

2013 年，启创·北京街家综针对健康服务做了需求调查，共访问了 102 位社区居民①，对居民的公共健康知识需求、居民关注的健康话题类型、居民倾向的健康资讯获取渠道等进行了解。调查有如下发现。

（1）居民对公共健康知识与服务的需求明显。

调查发现，居民对预防性的保健知识及服务需求较强烈，即食疗健康交流、常见疾病健康讲座、按摩服务和养生操训练，分别占 62.75%、40.2%、31.37% 和 25.49%。居民对治疗性的健康知识需求较弱，包括义诊服务（30.39%）、心理咨询（27.45%）、

---

① 其中男性有 33 个，女性有 69 个，比例接近 1∶2。被访问社区居民 12 岁以下的占 19.6%，12～25 岁的社区居民占 13.7%，26～40 岁的社区居民占 17.6%，41～60 岁的社区居民占 28.4%，60 岁以上的社区居民占 20.6%。

情绪管理（22.55%）和康复训练（12.75%）。

（2）居民非常关注社会常见疾病知识。

居民最关注的 3 个健康话题分别是睡眠问题、心血管疾病问题和平时的保健养生问题。各有 47.06% 的被访居民关注睡眠问题和心血管疾病问题，有 45.10% 的居民关注平时的保健养生问题，有不少居民关注女性健康和压力舒缓问题（各占 34.31% 和 31.37%），有一些关注五官问题和情绪管理问题（各占 24.51% 和 19.61%）。社区居民对孕婴期保健以及青春期保健问题的关注较少（各占 3.92% 和 11.76%）。

（3）社区居民更倾向于从公共渠道了解健康资讯。

关于了解健康资讯的渠道，50.98% 的居民喜欢通过看墙报或小册子来了解，46.08% 的居民喜欢通过社区活动来了解，36.27% 的居民喜欢通过听讲座来了解。选择通过小组讨论和个别咨询的方式了解健康资讯的居民较少，分别占 19.61% 和 8.82%。

三 服务设计

面对社区及居民的需要，结合家综负责残障服务工作的社工只有 3 名，同时根据街道的实际情况，对残障服务进行了调整。针对服务群体只有 300 多人、服务覆盖面较小的现状，2013 年 5 月，家综将本服务队的工作内容扩大为关注地区社区发展——快乐健康社区的建设。拓展健康服务后，依然坚持为残障人士提供合适的服务。通过小组及个案服务方式满足残障人士的个性化需求，在社区层面开展共融服务，促进残障人士在社区的参与。

第一，为残障人士提供发展性服务，提升残障人士的技能水平及社区形象，提高社区的接纳度，促进社区的共融。

第二，通过居民共同关注的议题，结合新颖的手法，整合不同领域的资料，推动居民对自身、对家庭及对邻里的关注，共同建立一个快乐健康的社区环境。我们盼望由一个个人的点，慢慢建立群体的网络，一个个网络的分享其实已经在慢慢推动整个社区的发展。

1. 服务目标

以正向心理学的"快乐七式"为服务理念，针对社区特点，以"绿色环保""有机健康生活"等社区居民关注的话题为服务切入点，通过城市农夫计划和艺术在社区计划，促进社区居民间的交流、互动，鼓励人与人之间建立融洽的邻里关系，以及参与社区环境改善，增强社区居民的归属感，达到共建快乐社区的目的。

2. 服务内容

城市农夫计划——发掘不同年龄段的居民对城市种植的兴趣，促进居民间的联系互助，激发社区居民关注社区环境及社区公共事务，并乐于参与其中，增强居民的社区归属感，改善社区关系。

艺术在社区计划——利用社区艺术形式，促进不同年龄段居民关注生理、心理、情绪、认知、社交等方面的问题，激发居民关注社区，共同美化社区，并且参与其中，增强居民的社区归属感和快乐感。

全人健康推广计划——倡导全人健康理念，通过社区宣传、健康课程、居民互助小组等专业方法，促进居民对全人健康的关注，从而促进全人发展。全人健康推广计划根据残障人士的需求，开展有针对性的服务，满足他们的需要。

通过探访、电访跟踪服务对象的情况，及时提供个案服务。根据上一年的探访分析将有探访需求的残障人士进行汇总，社工持续通过家访、电访的方式跟踪服务对象的情况，并为有需要的服务对象提供个案服务。此外，家综组织青少年采用一对一结对探访的方式，加大对残障人士的社交支持。开展残障人士展能计划，让拥有一技之长的服务对象发挥自己的特长，担任活动导师，服务社区有需要的居民，实现自我价值。在社区进行知识宣传巡展，让居民了解更多的保健及预防残疾发生的知识，提升社区对残障人士的接纳度，促进社区的共融，共建快乐健康社区。

四 服务成效

2014 年，启创·北京街家综的社区健康服务队联合家综的其他服务队，对社区不同群体进行社区需求调查，尝试提供较为深入及有延续性的服务。选择城市农夫计划、艺术在社区计划以及全人健康推广计划三大居民最为关注的计划，增加活动参与人次，挖掘服务对象背后的资源及潜能，加强居民的社区参与。与其他服务对象建立联系，同时结合社区探访，不断扩展服务的覆盖范围，挖掘及整合社区资产，达到效能的最大化。

1. 与家综内其他服务部以及社区不同系统合作，促进居民共同关注社区自然环境的美化，拉近人与人、人与环境的距离

建立城市农夫亲职教育社区互助平台。开展社区小小农夫计划和幼儿园小小农夫计划，通过亲子种植，提升父母的生命教育技巧，并进一步建立父母教育的交流平台，促进不同家庭间亲子教育的有效交流和相互支持。

与学校及家综的家庭及儿童服务部合作，在辖区内广中路小学及幼儿园进行城市农夫计划的先导计划。通过对参与种植的儿童进行生命教育，让儿童在种植过程中学习保护植物、尊重生命、热爱劳作。此外，让儿童带着寄托生命希望的植物去探访老人，促进隔代的共融和互助。本次先导计划服务得到两所学校较高的评价，并将计划定为长期合作计划。

开展有机种植、创意种植以及农场出游活动，激发长者对种植的兴趣，吸引了一大批长者参与。

发动青少年用艺术创作表达对社区环境的关注。带领社区青少年通过"涂鸦新天地"涂鸦计划、创意围裙制作计划、家综美化大师计划以及"潮爆墙头"社区美化计划等，大胆向街坊展示自己的作品，表达青少年对社区环境的关注。

2. 围绕环境改善的议题，在不同群体中产生协助者，培养社区自组织回应社区的需求

经历了几年的直接服务以及第四年不同形式的服务，一些群体内部已经形成组织了，此时应该用社区议题去推动小组的发展，让居民更有社区归属感。为此，家综改变了服务方式。以种植计划长者小组为例，其中产生了多名社区领袖，他们乐于献言建策，例如提议美化社区广场绿化带。社工将围绕居民关注的这些具体社区环境问题，邀请更多不同群体居民参与其中，一起关注和商讨如何美化社区绿化带，培养居民参与社区管理的意识和能力，改善居民的社区关系，增强其社区归属感，共建健康快乐的社区。社区健康部队长卢家雯说：

> 通过不同的合作计划，青少年里出现很多协助者，长者中年轻的会帮助年老的，还有亲子义工成为社区里最成熟的义工。由于小孩的带动，家长的投入更多、更持续。这些协助者发现社区需要的议题，产生不同的社区自组织，向相关部门提出想要的，通过他们的力量推动社区更好地发展。社区居民能否回应社区议题，社工投入往往是先决条件，社工本身也需要去影响居民个人，同时倡导不同层级的人参与进来。社工不能太靠政府，要活用社区资源，在北京街这里，企业和居民本身就有能力，经济条件不差、有关系网，社区有很多白领，东风路有很多企业、商会、老乡会，政府也要引导他们参与社区建设。（家综社区健康部队长）

3. 开展社区教育，倡导全人健康理念，促进残康人士的社区共融

2014年，启创·北京街家综通过在社区内开展多次社区宣传活动，让居民了解更多的保健及预防疾病发生的知识，促进居民对全人健康的关注。

社工挖掘需要帮助的残障人士、情绪低落者（如抑郁、焦虑的人士），通过家访、电访跟踪服务对象的情况，及时提供个案服务，针对残障人士、情绪受困的街坊开展个案共 10 个，及时协助有需要的人士面对日常生活困扰。本阶段涌现的个案有一半是自主上门求助。

五　服务拓展方向

1. 深入、全面、系统地开展健康服务需求调查

目前虽然有针对健康服务的需求调查，但收集到的数据不多，未必能够代表大多数居民的诉求，未能清晰、深入了解居民对健康方面的需求。在开展服务前，家综通过家访方式收集居民对某一主题服务的意见，例如居民对城市种植的建议，但难以形成社区层面的需求报告，未来一年将会改善这方面的调查，期望能够形成更多系统的调查报告，用于指导未来一年的服务计划。

2. 加强与辖区内相关单位的互动与合作，共同推进社区健康发展

在社区中开展服务，可以与社区内其他相关单位有更多互动合作，以整合更多资源服务居民。家综已于 2014 年 4 月与辖区内的社区医院召开服务合作会议，初步达成未来一年的合作意向，将共同针对社区健康及疾病预防问题开展社区宣传及家访合作，共同促进社区健康服务的发展，更好地发挥各自优势，惠及更多居民。

3. 借鉴社区健康服务的成熟项目，开展以美食为主题的社区参与计划

过去一年中，社区健康服务的城市农夫计划在服务幼儿、儿童、青少年和长者方面，有了一定的成效，继续推广城市农夫计划，并积累经验和总结模式，深化艺术在社区计划，同时开展以美食为主题的社区参与计划，以鼓励居民参与、拉近人与人的关系为目标，提升居民参与社区事务的成效。

第五章
社区参与服务模式的成效

第一节　居民正向发展层面

一　社区居民获得多元化的社区服务，生活更加快乐

改革开放以来，政府职能不断转变，服务型政府的理念逐渐形成。但是，在家综进入之前，社区服务较为单一，只有由地方政府设立的政务中心实行"一站式办公，一条龙服务"，以行政审批为主，以其他便民服务为补充。故此，北京街分管民政工作的主任指出："家综还原了社区服务的面目，社区服务应该让老百姓参与，而不是单一的政务服务。"

启创·北京街家综是北京街服务辖区内一个重要的服务中心，4年中深入地了解社区特点，建立了居民服务档案，为长者、青少年、儿童、残障人士等多元人群提供服务，服务内容不断推陈出新，从探访，个案支援，组建学习小组、兴趣小组、社交小组，到开展大型社区活动，以及提供偶到服务、外展服务、义工服务，有效地丰富了社区居民的日常生活。在2014年度，启创·北京街家综在协议框架内共服务居民16962人次，未进入服务协议的服务数据包括：拓展了都府服务点、雅荷塘服务点，提供偶到服务15103人次，外展服务553人次；义工参加服务1569人次，义工

快乐社区营造

服务社区居民 7602 人次；参加社会组织的培训及服务 548 人次；参加联谊活动 432 人次。

> 家综让我们探访老人，老人喜欢唱歌就让他们来唱歌，他们参加一个节目好高兴，拍个照也很高兴，觉得人生有点希望，有集体的归属感，这就是家综服务成功的地方，人开心了，社区就和谐了。（居民陈姨）

> 我从 2014 年 10 月参加老人居家安全的活动一直到现在。作为义工跟着社工参加活动，感觉社区居民很贴心。比起来，我住的社区是没有这些活动的，同楼层的人会相互接触，但同一个社区的人并不熟。（青年义工小祝）

二　长者、青少年群体的专项服务获得街道的肯定

北京街街道工作人员认为，街区过去开展服务的方法太传统，主要是为经济困难群体提供政策帮扶和人道救济，已经远远落后于社会发展的需要，而建立家综后，社工运用专业的社会服务方法为居民策划活动，调动了居民参与活动的积极性，促进了居民社会责任感的形成。其中，启创·北京街家综的长者服务和青少年服务最能获得街道方的认可。

> 启创开展的很多活动我们都很赞同，比如社区种植。他们的家综针对青少年、长者的服务会多一些，比如教小孩和家长一起去探访社区的老人家，教他们孝顺，我觉得很好。我们现在很多问题出在首尾两个年龄段，中间人群相对好一些，怎样感染小朋友和老人家有公德心，就需要家综去做事。（街道民政科科长）

> 启创家综的长者服务和青少年服务做得比较好，以后我们跟区那边沟通，增加专项投入。现在是综合，希望以后分

专项，慢慢去发展，每个人群都建立一个服务中心。（街道分管民政主任）

三　居民能力提升及能力感增强，获得能力展示平台

启创·北京街家综的服务理念是相信人的能力，哪怕是儿童、青少年、老人这些在人们看来是需要帮教育或者生活上需要帮助的弱势群体，也都有各自的能力可以挖掘和运用。

家综让小孩教老人学电脑，双方在学习中增强自信心、发挥各自的能力，服务有创新性，像这种发动中小学学生帮助老人、高年级学生帮助低年级学生的服务在其他地方还不是很多。（街道民政科科长）

之前我单纯地想做义工，想帮人，没想到在这里学到了很多东西，比如说怎么跟大家交流。这让我变得大胆，会思考更多东西，变得更细心。（青年义工雯雯）

四　亲子关系的个案成效得到各方认可

启创·北京街家综处理亲子关系的个案成效得到居委会的认可。

街道居委会对家综个案服务的态度经历了从观察、了解、认识到逐步熟悉、转介合作的过程。例如 2012 年有一个亲子关系十分紧张的个案，案主家庭经济十分困难，有严重的暴力倾向，太太离家出走，孩子患多动症，专注力低，孩子在学校不懂社交，跟同学矛盾多，上课会打断老师的讲课，经常被学校投诉。案主曾多次找居委会帮忙，居委会十分头痛，

多次介入劝说都收不到成效。后来居委会了解到家综会提供个案服务，于是尝试转介到家综。孩子到了5年级，学校投诉，老师希望他停学回家，爸爸很为难，不知道怎么教。后来，社工介入个案，邀请居委会、学校一起合作，随着介入，案主打骂孩子的情况减少了，居委会可以真实感受到社工跟进服务的成效。随着个案合作的增加，居委会对中心的个案服务逐步认可，转介个案也逐步增加。现在，涉及家庭冲突的个案，居委会处理不了就会找社工。（家综主任）

我刚来的时候，这个家综还没有开。开了后，星期六、星期日有很多小朋友和家长来参加活动，我在家综外面开的文具店的生意都变好一些。家综搞的活动很适合青少年，对小朋友很有启发，我的孩子以前较少出家门，来这里玩（参加唱歌班、游戏班）之后，变得比以前开朗。我也学到了怎么同小朋友沟通。（居民周姨）

第二节　居民社区参与层面

一　重视居民发声，培养居民的社区参与意识

用费孝通的"差序格局"理论来看，每个居民都与其亲朋、好友、邻里相关联，他们的想法对他们所在的群体会产生影响。因此，每个居民对社区发展的意见都需要得到尊重，这样才能让越来越多的居民关心和参与社区事务。启创·北京街家综注重培育居民的社区意识，不只让居民享受到贴合需求的社区服务，而且创造平台让居民分享参与社区活动的收获，带动居民关怀社区。每年启创·北京街家综都会举办由社工主导、居民参与策划的社区活动，让不同年龄、不同阶层的居民都能表现自己的智慧，使家综成为富有市民气息的街坊展现平台。

启创社工机构在 2013 年开展社工学生"启明星实习计划"，启创·北京街家综为学生提供社区实践平台，使社区文化通过口述历史的方式被发现。社工学生游走大街小巷或上门采访，收集居民对社区的情感和认识，印刷了图文并茂的小册子《千阳汇·你好陌生人》在社区里派发，获得了居民的赞赏。以下两段话是《千阳汇·你好陌生人》小册子中居民表达的他们对社区的感情和政策建议。

　　　　我在北京街未曾拆迁之前就在这里住，住了几十年，我对这里的一草一木都有着很深的感情。这里有老街坊，交通方便，虽然北京街外面的城市环境很漂亮，但是没有一个我的朋友。之前关于社区建设我也出了很多主意。作为老广，我认为现在的政策是合理的，就是以中央公园为核心，好好保护周边的建筑、文化还有美食，不再建高楼大厦。不过，现在这个老城区有空心化的现象，很多年轻人有了工作就跑到其他地区。（居民王叔叔）
　　　　家综组织居民一起种花。有些居民比较不爱惜这里的花木，社区环境需要大家一起维护，特别要教导小朋友不要随便摘花摘草，要爱护它们，让它们成长起来。（居民李阿姨）

　　运用社会调查方法，社工和居民合作收集社区资讯、诊断社区问题，这样的例子还有很多。以生命故事计划为例，通过服务，参与计划的 15 位长者都有了很显著的变化，包括抑郁程度降低、对自我的认同感增强、参与社区服务的积极性提高等。

二　发扬互助精神，推动居民群体之间互助交往和居民组织形成

　　社区发展是一种地区的自助工作，是指依靠居民力量来满足社区的需求，鼓励居民更多地走出家门、走进社区，向社区表达

自己的需要，关注和满足社区其他人群的需求，共同建立人与人和谐相处的美好社区。启创·北京街家综在为居民提供直接服务的过程中，发现不同居民的能力和需求，对居民群体进行细分，从而不断激发居民互助的动力，促进不同群体之间建立互助的人际关系。已在服务中得到有效探索的居民互助体系包括以下几方面：①组建长者义工队，发动儿童、青少年与健老的力量，建立弱老的社区照顾网络；②长者作为生命导师分享生命故事，大学生学习长者的人生经验；③在社区建立多个青少年兴趣小组，增强青少年之间的同辈支援；④开展关注弱势群体的义工服务，提升青少年群体对其他弱势群体的关注与服务；⑤儿童担任长者电脑班的导师，教长者学习电脑技能，培养儿童对老人的理解与关怀；⑥开展亲子沟通小组活动，促进家长之间的育儿经验分享和家长与儿童之间的沟通；⑦开展快乐家庭日、亲子 DIY 环保小组等活动，增加家庭之间的相互交流与社区参与；⑧建立城市农夫亲职教育社区互助平台，促进家庭之间、亲子之间以及代际交流；⑨开展展能计划，由残障人士担任活动导师服务社区，鼓励残障人士的社区融合。

可以用图 5-1 来表示不同群体在社区内的共同生活和相互帮助。

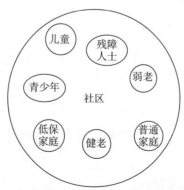

图 5-1　启创·北京街社区居民的互助体系

在这种人群细分的居民互助体系建设之中，社区居民之间的阶层边界被不断打破，越来越多的社区居民因为参与社区服务而结识，可以相互慰藉、分享资讯和相互帮助。

要使这种居民互助体系能够延续下去，光开展几次互助活动是不够的，需要持续做居民组织培育的工作。目前启创·北京街家综培育的居民组织中有一种为支援社区弱势群体而建立的义工小组，例如儿童义工队、长者义工队、亲子义工队，也可以基于共同的兴趣爱好组建小组，如"Nothing Band"队，这支吉他小组通过表演吸引居民前来观赏，并创作社区歌曲促进居民关注社区事务。

三　培养"社区主人"，居民参与讨论、关注和处理社区公共事务

启创·北京街家综在日常服务方面，一直将服务质量维持在较高的水准，培养居民对社区的安全感和归属感。在社区参与方面，从第三年开始，在居民互助体系得到一定发育的基础上，家综系统地促进居民关注社区公共事务，目标是让居民将社区意识转化为社区参与，成为对社区发展有主见、有责任的"社区主人"。社工首先从生活化的社区议题切入，再延伸到社区环境美化、道路设施建设、公共空间营造等对居民公民意识要求更高的社区议题。在社工的带领下，一些社区居民开始积极寻找解决社区公共问题的办法，例如，通过青年力量用墙绘营造艺术社区，为建立健康社区、快乐社区出谋划策。家综还成立了社区健康服务队，带领居民更多地关注社区公共健康环境。

第三节　社区整体发展层面

一　居民视社工以及家综为社区不可缺少的部分

在居民座谈会中，当我们问到"通过你自身参加启创·北京

街家综活动的经历，你认为这个家综的社工在这个社区的角色是什么"，大多数居民对社工的组织者角色予以描述和认可，认为社工能够带领和组织居民参加活动，鼓励居民平等参与，并且在这个过程中给予陪伴和支持。

> 我认为社工起到一个带头作用，比如开展活动，会招募一些人，告诉你要参加，但不是强制参加者做什么，而是会问大家有什么看法，征求大家的意见，做一份统一的东西，很公开。社工都很亲切，有什么事情大家都会想到社工，找他们一起商量。（青年义工雯雯）
>
> 我觉得在大多数活动中，社工都是担任带领者的角色，带领我们去完成一个目标，也是一个辅导者的角色，可以输出很多技巧，或者提供一些支持给我们，给我们讲怎么做会更好，又会像一个朋友那样，给予一些陪伴。（青年义工杰辉）

谈起"家综对社区的作用是什么"，正如青年义工杰辉所说，"如果没有家综，就相当于没有家，没有一个地方在一起。有了家综，可以让不认识的人在一起，形成一股新的凝聚力"，启创·北京街家综根据不同人群的需求来吸引和包容不同的人群参与社区，让本不相识或相识不多的居民之间形成凝聚力，为居民带来了家一般的归属感。

> 没有家综就没有一个地方让居民聚会。它有活动，由社工组织，这些活动让居民觉得很新鲜，让他们不用一直待在家里，而可以走进社区认识周边的人。特别是如果有青少年的话，家综的整个气氛就会好很多，社区里面有很多长者，他们参加服务的时候见到青少年，心情就会好很多，我自己作为青少年也觉得可以收获很多，变得很有活力。（青年义工

小敏）

　　青少年平时都是打游戏机、追剧、看电视，家综可以培养他们更多积极向上的兴趣。上班族没有几天可以休息，有一个地方给他们落脚，他们可以借着活动去释放平时的压力。对于老年人来说，他们因为身体原因，生活会有限制，他们来中心就可以跟社工聊一聊，这对他们来说也是很有必要的。（青年义工杰辉）

二　家综与街道方在社会管理服务方面逐步建立合作伙伴关系

　　家庭综合服务中心的建立是政府职能转移的一大举措，原本无所不包的政府通过购买服务的方式将社会服务的功能逐步转移给家综，"逐步形成政府和社会组织在社会管理服务上的伙伴关系，形成政府和社会组织共同治理和服务社区的新格局"。[①]

　　随着在社区服务的时间越来越长，启创·北京街家综通过优质的社区服务，逐步获得了北京街街道及居委会的信任，从而建立了相互独立又合作的伙伴关系。一开始，街道与家综之间缺乏协作，曾经有人在社区跳楼自杀，警方和街道都没有通知家综，但家综社工主动来到现场了解情况，并在事后主动跟进，安抚死者家属及附近社区居民的情绪，以及通过种植计划、宣传心理热线等方式改进社区危机干预的预防性机制，这些服务都受到街道的高度赞赏。

　　街道领导的重视逐渐使家综可以方便地接触到社区中有影响力的政府组织和部门，如残联、文化站、学校、工疗站、卫生服务中心等，整合街道辖内各部门的人力资源、社会资源，为开展

---

　　① 摘自穗民〔2010〕213号《关于印发〈推进我市社会管理服务改革开展街道社区综合服务中心建设试点工作方案〉的通知》。

服务提供了方便。而家综会在每个季度主动递送简报给街道相关工作人员，另外还与街道建立了服务的转介流程，通过填写社区事件转介表，互相合作，形成处理社区事件的合力，这些工作使得在每年的家综评估中，街道官员都对家综服务给予了较高的评价。

北京街是广州的政治文化中心，家综服务并不能够算作街道的工作重点，但是随着家综服务越来越获得居民的知晓与认可，街道开始有意识地把家综纳入社区管理服务体系之中，增强组织间的沟通协作，提升社区服务的效率、效能。2014 年 6 月，街道民政主任在街道、13 个居委会与北京街家综之间建立每月的三方沟通机制，家综社工可出席和旁听居委会的工作会议，促进个案工作及时而有效地转介，增加社区发展项目的合作商讨，提高社区服务的合作紧密度。

家综与街道方具体如何合作，还有待在实践中探索。但是社工跟一些基层工作人员的良好关系，使社工获得了实在的资源。

> 我们坚持社区服务需要多方合作，所以十分注重与街道、居委会的合作。善用各部门的优势，整合资源服务社区。例如，方科原来在街道负责城管工作，跟北京街内不同的商店和政府部门的互动十分密切，工作效率很高。他刚转到民政部门，很少指导家综发展，但很乐意帮忙联系资源，（社工）要到社区的城隍庙举行活动，他就帮忙联系城管，帮忙办理审批手续。中心哪里坏了，他帮忙联系其他部门去维修。我们善用与民政部门正式的沟通会议机会和很多非正式的沟通机会，相互分享、共同商量，例如在资源整合方面，之前曾经有些计划需要赞助，比如公房改造活动，我们表示希望借助街道的力量争取大商家的支持，方科就马上想到自己的熟人网络，并帮忙推动合作。（家综主任）

三　强化社区组织网络，合理分配服务资源和拓展服务

如果单纯依赖与街道方的关系，就难免由于双方的资源地位不对等，而使家综失去与街道建立伙伴关系的"本钱"。因此，除了注重与街道方的沟通合作及争取个别行政工作人员的支持之外，启创·北京街家综有意识地强化自身的社区网络，主动与不同的社区组织建立关系，从而合理分配有限的家综服务资源，扩大服务覆盖面，提高服务效率，让更多服务对象受益。

以家庭儿童服务为例，2012年家综依托毗邻广中路小学的都府中心的建立，服务群体数量有所增加。在这一经验的基础上，家综在拓展了学龄前儿童服务后，主动对社区的两所幼儿园抛出了寻求合作的"橄榄枝"。但在合作对象的选择上，家综社工并非一味追求服务的宣传效应，而是侧重教育资源相对缺乏的幼儿园。

> 一所是民办的雅宝幼儿园，另一所是公办的幼儿园。公办幼儿园装修漂亮，老师素质比较高，具备各种专长。民办幼儿园的资源则比较缺乏，园址设在一所民宅里面，老师的教育理念并不比普通家长更先进，在教育上没有想那么远。虽然两所幼儿园都愿意合作，但家综只有一名社工跟进幼儿服务，因此我们就选择了教育资源需求更为迫切的民办幼儿园。（家综家儿服务队队长）

广东狮子会好敬服务队是与启创·北京街家综合作时间较长的一个社区组织。据该狮子队干事小龙说，好敬服务队的资金来源是会费和针对具体服务项目的会员捐赠。在服务队2012年刚进驻北京街时，通过街道介绍，服务队找到了家综进行合作。2013年，服务队为家综的居家安全改善服务捐赠了5000元，为几栋旧楼增加了扶手，另外，服务队还捐资给家综印刷《长者生命故事》

小册子，而家综由于直接对应服务对象，也曾为服务队的"视觉第一"困境老人白内障手术公益项目发动社区符合条件的老人参加。

　　我在狮子会做了5年干事，见过一些跟启创一样的家综，我觉得启创做得还好，细节方面做得不错，在场地布置和活动运作方面很不错，环境很温馨。我私下也曾过来跟小朋友一起上吉他课。通过社区邻里之间互助的关系，启创整合资源，找会弹吉他的街坊来做老师，很有意义。我还见过他们举办一些表演，社工的服务态度很好，还记得老人的名字。（广东狮子会好敬服务队干事小龙）

四　链接社区内外的人力、物力，实现社区发展计划的资源多元化

　　由于家综每年的政府购买服务资金只有200万元，不足以满足办好各项社区活动的资金需要，而一味压缩活动经费则保障不了服务质量。为此，启创·北京街家综通过其在社区积累的居民关系，获得了不少的免费场地、居民捐赠的物资以及专业的义工资源。其中，家综对周边商业机构和服务机构的资源也有所整合，这些资源的整合有利于家综服务的开展。家综如同一个社区资源的大平台，从各方面引进可用资源带给社区居民，而居民也可以在家综这个平台上不断地发展、改变。启创社会工作服务中心还充分利用自己的社会资源，如与不同地区的服务中心开展服务交流，促进不同服务群体之间的交流和共融。启创·北京街家综2011~2014年资源链接情况见表5-1。

表 5 – 1　启创·北京街家综 2011 ~ 2014 年资源链接情况

年份	2011	2012	2013	2014
资金	0	50 000	30 720	37 437.6
物资（折合人民币，元）	3000	3500	10 200	13 000
义工数量（参与服务人次）	456	1133	1268	1569

五　家综社工的政策倡导意识得到提升

启创·北京街家综是社会服务的提供者，但在具体服务中，积累的个案经验越来越多，他们发现了一些社会政策层面的不足。例如在改善长者居家安全计划中，社工发现公屋中的厕所没有扶手，这给行动不便的长者的生活带来了很大不便。由于公屋维修由房管所负责，社工找到了房管所，相关工作人员回复说安装扶手超出了基本需要的范围。对此，社工希望倡导更多的政府资源投入，提高弱势人群的生活水平。另一个例子是社工希望政府降低居家养老服务对申请者条件的要求，让更多人能够享受到这项福利。

目前市内的居家养老服务只有广州户籍的、80 岁、独居的或抚养残疾子女的老人才能申请，对空巢老人（包括独居老人和双老户）的居家养老服务在一年前取消了，我们希望可以倡导更多的政策和资源给长者。（家综长者服务队队长）

第四节　服务运营层面

一　社工团队逐渐走向成熟

服务伊始，启创·北京街家综有长者、家儿和青少年 3 个服务

队，家综初步形成了"个人发展，互助网络到社区发展"的服务模式，并将这一服务模式形象地表达为"社区之眼"（居民领袖）和"幸福种子"（社区资产）。可是具体如何在社区实现这些概念呢？在社区提供服务和服务社区有什么区别，各个服务队怎么分工合作等是团队常常讨论的问题。因各服务队在初期并不是很成熟，于是各队先在各自的服务领域慢慢摸索。长者服务队及家庭儿童服务队首先在服务中使用正向心理学的理念，在社区推动青少年参与社区事务相对较难，但到学校去开拓服务后，青少年服务得到了认可。

> 过去几年，启创·北京街家综处理过两次个人自杀事件，虽然这些个案已发生了一段时间，但每每反思都让跟进的团队叹息，感到内心沉重，同时让社工看到在社区内居民直面负面情绪的渠道非常少，在社区内推行积极情绪教育及建立危机介入机制是十分重要的。通过介入自杀个案，家综的社工辅导和支援的能力有所增强，陪伴家庭和社区度过哀伤的阴霾，同时，整理出社区危机应对机制，内容包括危机界定、危机应对小组的成立、机构的支持启动、多方合作的指引等，并向全体同事推行，提升社工对危机事件的敏感度。除了在机制和人员培训上完善社区危机处理机制以外，还通过居民情绪安抚和城市农夫计划计划培育社区正向新活力，从而全面提升社区的健康水平。（家综主任）

当各个服务队都能围绕社区发展的理念开展工作，服务的综合性便提升了。这种综合不是将各种服务放在一起，而是在服务提供的过程中，充分运用社工资源整合者的角色，将不同服务对象的需求串联起来，促进社区各阶层、各群体、各个人的相互服务、相互支援，在服务理念层面做到服务的综合。各服务队尝试在服务中应用正向心理学和社区参与的概念。

正向心理学相信人习得乐观及培养美德能增加正向情绪，所以在提供服务时，社工会把这些正向的元素贯通于个案或者小组工作。另外，有些居民所面对的问题不一定是个人心理或者家庭关系的问题，如果是牵涉到外在环境对他们的生活构成一些不良影响的时候，社工便会使用社区工作的方法介入，让居民能积极地参与改变社区，满足他们的需要。例如，不少长者的居住环境存在安全隐患，社工便会组织、发动长者和区内关心长者的人士或者团体，让他们通过不同途径去回应这个社区需要，协助这些长者消除社区安全隐患。（家综香港督导）

二　动态化、参与式的全面需求评估

　　家综的服务虽然已经进入第 4 年，但是服务的需求评估一直都在进行中。在现阶段社工采用了动态化、参与式评估的方法。动态化是指在服务设计期、服务提供期、服务评估期等各个服务环节，都在与服务对象的动态接触中收集信息、展开评估，并及时调整服务计划，以适应服务对象动态变化的服务需求。

　　参与式评估是指，评估不是学术性的问卷调查、焦点小组访谈等工作，而是在各种服务的提供过程中，通过观察服务对象的参与行为了解服务对象的需求。

　　整体的评估相对全面，除了掌握服务对象的需求，还要掌握整个社区的区域特色及资源，对不同区域的互动状况也有把握，并将此较好地运用在服务的开展过程中。

三　定时升级服务，提升家综服务素质

　　家综为进一步提升服务素质，于 2014 年 4 月重新反思个案接

案流程（含签订个人同意书的流程）、跟进流程、结案流程、督导计划，并优化家综个案表格，使个案接案和预估介入的程序更加清晰。工作人员在接案过程中需要对服务对象所表述的问题、个人系统（个人基本信息、家庭情况、学校朋辈情况、社区情况等）、个案服务的期望等做初步的评估，分析服务对象的需要，并将接案表交给项目主管和家综主任，由项目主管和家综主任评估是否需要开案，以及决定由哪位工作人员跟进，负责跟进的工作人员需再次见服务对象，与服务对象建立专业关系后，共同商定个案服务计划，并进行介入。优化整理出清晰的指引能提升家综为社区提供服务的质量。

四　充足的专业督导和培训平台，为前线同事提供支持

为了引导同事在工作中不断成长，并深化服务，家综为每位同事提供每月一次的个人督导，从 2014 年 3 月至 2015 年 3 月，平均每位同事接受个人督导约 21.39 小时，让前线同事定期总结反思服务中遇到的问题，提高其专业技巧。在每月一次的团体督导中，在香港资深专业督导的带领下，激发同事思考。2014 年 3~12 月，平均每位同事接受团体督导约 32.21 小时。

此外，机构额外筹集资源，为家综同事提供启创机构内部的专业培训，平均每位同事参与机构组织的培训约 9.2 次，平均培训时数达 61.3 小时，为同事提供专业学习并学以致用的平台。

第六章
服务成效的提升方向

第一节　居民正向发展层面

一　不断创新服务形式，让更多居民享受社区生活

　　自政府购买社工服务以来，媒体经常会报道关于某市家庭综合服务中心拿到了多大一笔政府订单的消息，对家综服务的成效提出问责。在广州，政府购买社工服务已经进行了近 8 年，同样的问责也会不断被提出。家综能否根据变化中的社区需求，创新服务形式，提高服务质量？这对家综是一个巨大的考验。以社区养老为例，北京街是一个老龄化很严重的老社区，不少老人在家里生活缺乏照料，生活孤独。对此，启创·北京街家综之前主要是组织居民义工队上门探访，但上门探访能覆盖的居民实在有限，后来家综结合电话探访的形式，使获得关怀的长者多了一些。

　　老城区社区长者养老的需求非常大，社工无法独立满足全部需求，社区内的空巢高龄长者有 300 多户，即使社工很努力去做，也无法满足长者希望每月都有人上门探访的需求，所以我们注重在服务中寻找不同的伙伴一起帮忙，例如不同的义工。在发动本区义工参加计划后发现义工很积极，老人

也很喜欢。但社区里需要探访的人太多了，所以在服务的同时要不断尝试新的方法，调整策略，满足更多的社区需要。例如去年我们在一次学习中，接触到一个友好顾问美籍华人梅博士，了解到他们如何利用"电话天使计划"服务1000多个老人。我们觉得这个主意很好，于是就与中心社工一起讨论如何借鉴和本土化这个方法。今年我们成功推行了本土版的"关照长者电话天使计划"，效果不错，首期培养出6位电话大使，一个大使每个月给10个长者打电话，6个人负责通过电话关心110个老人。（家综主任）

对于如何解决社区养老的问题，还有很多新的服务形式可以尝试。长者服务队社工正在筹划建立长者生活照料网络，从解决吃饭问题做起。热心居民陈姨建议让家综学习另一条街道的模式，拿一栋楼出来作为社区长者托养中心，一楼是按摩器材，二楼有10个床位给孤寡老人居住，但也有其他居民认为这种方式"只能解决10个老人的问题，不能解决90个老人的问题"。吴伯则提出长者自助、集中养老的办法。未来，家综社工可以跟居民一同思考，不断尝试新的服务形式来提供有效的服务。

居家养老是社会发展的问题，很多孤寡老人、独居老人都住在社区里面，所以应该改变社区养老的形式。旧时顺德有"孤婆屋仔"，有些自己住一间屋，但没有人照料他，那可以几个人住一间屋，组建新的家庭，其他屋可以出租或卖掉，收入归集体使用，请个人回来服侍这一家人。家综可不可以摸查下这种情况，让两三个住在一起，社区医生一次上门就可以为几个人看病，他们打架的时候社工就来做做思想工作。（居民吴伯）

二　对边缘困难个案保持关注和积累介入经验，预防社区危机的发生

在以社区发展为目标的服务模式下，个案辅导并不是家综工作的唯一重点。但是，对一些边缘困难个案保持一定的关注并尝试介入，能够让家综更好地把握社区潜在的问题和需求，了解政策现状、社会文化等宏观环境对社区居民的影响，提醒社工不断改进工作方法，让有限的服务资源惠及底层人群，鼓励社区居民守望相助，通过环境营造逐渐地恢复边缘困难个案的日常生活。我们可以把各方关注的边缘困难个案分成以下两类。

第一类是可能危及社区安全的边缘个案。北京街辖区属于广州市中心地带，公共管理比较完善，社区安全事件的发生不算频繁，但从中可以找到开展预防社区危机工作的需求空间。对于居民来说，社区不发生突发性伤害事件、居民的生命安全得到保障是他们十分重视的问题。

> 我前两天经过××学校接我的孙子，保安跟我讲，如果不把校门关好，有些特殊学生会冲进来闹事。家综是不是可以预防发生这些事情，通过家访、思想辅导来帮助闹事的学生，或者到少管所去看看那些犯事的孩子，不只是拉他去吃饭、去冲凉，而是辅导他，跟他讲清楚道理，也做做这些孩子父母的工作。（居民吴伯）
>
> 我去探访的时候遇到一个情绪很不稳定的人，我觉得社工要去做一下工作，我感觉他严重起来杀人放火都有可能。我还遇到过一个天天说要自杀的老人，你们能不能多给这些人做做思想工作？（居民石姨）

在校园暴力方面，启创·北京街家综已经进入两所小学开展学校社会工作，而启创机构在包括北京街的海珠区内推行的"青

年地带"项目,更是从校园欺凌、校园危机介入等多个角度切入,为青少年营造一个积极正面的校园环境,这些服务措施也可以为启创·北京街家综所用。在自杀事件方面,2011年以来,家综处理过两次个人自杀家庭的紧急支援个案,通过与死者家属和邻里的接触,社工看到社区内居民普遍面临生活压力,而居民直面负面情绪的渠道很少,因此在社区内推行积极情绪教育及建立危机介入机制是十分重要的。未来,对于启创·北京街家综而言,通过社区参与的工作模式,继续关注边缘个案及营造社区环境,给居民带来社区安全感是很有必要的。

第二类是在助学、助业、重大疾病等方面需要社会救助的困难个案。随着社会保障制度的不断健全,这些个案得到的政策帮助逐渐增加,但资源仍然有限,需要社会参与,从而更好地改善他们的生活状况。正如北京街街道分管民政工作的主任所说:

> 热点问题,比如对于职业的流浪乞讨人员,我们很无奈,以往是强制收容他,现在不可以,只能劝导,可是劝也没用。专业社工在城市环境方面也要尽一份责任,让流浪乞讨人员在城市里有归属感。这方面政府单干解决不了问题,需要整个社会形成合力。(街道分管民政工作的主任)

发现这类亟待社会救助的个案后,启创·北京街家综首先会帮其申请政策救助,以及寻找基金会、社会组织和媒体进行社会募捐。通过这些个案,社工对社会资源的分布和动员方法增加了认识,包括:重大疾病的社会资源目前主要针对重病儿童,大龄的重大疾病患者的救治则较少受关注;一些改善性的设施,例如长者厕所的扶手,并不容易争取到资源。社工不断积累这类个案的居民信息,通过社会动员提升服务成效。

三　促进服务多元化，以更全面地覆盖社区人群

根据启创·北京街家综 4 年积累的前线服务经验，很多时候需要让居民参与家综服务，从而对家综产生心理上的认同，下一步才能动员他们支持家综在推动社区参与方面的努力，因此，活动是否对居民有吸引力需要社工着重考虑。目前，启创·北京街家综的服务覆盖了不同年龄段的居民群体，但同时存在服务方法和服务主题偏女性化、容易扎堆的问题。大部分服务都是开办日语班、英语班、美食班、手工班，社工很容易举办这些活动。可想而知，来参与的基本上是女性。以青少年服务为例，男性青少年的兴趣很少受到关注。家综目前开办的吉他班、篮球班、模型小组、魔方班等文艺类、科技类活动能够吸引一些男青年参加，但家综成员目前以女社工为主，在设计科技类活动上比较困难，同时，这类活动所耗费的活动经费也较多，需要家综去链接一些资源才能举办，以平衡居民的多元兴趣。

第二节　居民社区参与层面

一　要调动居民对家综之外更广泛的社区事务进行高水平的社区参与

家综就像一个小小的社区参与实验田，从服务设计、推行到总结，都有居民参与其中。但对于更加广泛的社区公共议题，家综则未能带动足够的居民参与。

1. 告知

对于一些跟居民有关的大型社区活动，在方案设计之初，社工便会告知居民将要举办这些活动，从而征求他们对活动举办的建议。至于一些政府部门举办的与本社区有关的政策听证会或政策建议收集活动，社工则暂时没有充分了解并告知居民这些可能

影响他们的相关政策与方案。

2. 出席

很多家综的社区参与方案都是由社工事先策划好的，包括长者、儿童、青少年等义工队培育活动，公房安装扶手筹款活动等。在活动时间、地点和内容安排好后，社区居民能够出席这些活动，并且出席率是比较高的。

3. 表达

对于服务的完善（如完善义工队管理）、家综场地的维护（如在舞蹈室增加一面镜子），一些社区热心居民会经常向社工表达意见。但是，对于一些政策的制定和修订，例如让政府部门放宽居家养老服务的条件、增加公屋修缮的范围，居民只是向社工表达了他们的意见，而没有把意见直接反馈给政府部门。

4. 讨论

在大型社区活动的方案设计之初，家综社工基本上都会邀请居民以"策划大使"的身份参与，让社区居民充分表达他们的意见与观点，分享他们的资讯和知识，社工也会充分听取居民的建议来进行活动设计，从而让活动举办得更加成功。社工也会提供平台（如居民议事厅），让居民对社区的问题和需求进行讨论，并鼓励他们按照自己的想法去影响政策，即"为社区成员或相关社区组织赋权，使之成为主体，通过社区事务的关心、行动的策划和资源的集结提升社区福祉"。目前来看，社工需要更多地组织居民以影响某一项具体政策为目的去讨论行动方案，就像居民吴伯对社工说的，"楼梯有扶手老人上楼就不容易跌倒，这方面的资金怎么获取，可以组织我们和街道方面一起来做些工作，建设和谐社区"。

5. 决策

实际上，社区居民还是经常不能对影响他们的社区事务进行决策。在家综，一些超出家综能力范围（例如要更宽敞的活动场地）的愿望未必能够马上实现，很多居民想要社工多举办大型文艺活动，这也不是社工能够做得到的，居民也未能自我组织去实现。社区居民时常对社区公共事务存在一种无力感，像陈姨就说："30 年前，我们刚搬过来的时候，这里很乱，我的项链都差点被扯断过，自从建了个值班亭后好多了，每一户都收保安费，可是现在值班亭又要拆了，很多新的居民搬进来，都不交保安费，不交就维持不了（值班亭），政府又不肯出这些钱。现在虽然有志愿者单车队 24 小时巡逻，但还是不安全。"更多居民对社区公共事务是漠不关心的。未来，社工要对居民赋权，让受政策影响的服务对象和关注社区事务的热心居民能够自我组织，对政策法律进行发声，从而全面提高社区自主管理的水平。

6. 倡议与自我管理

家综目前所关注的社区公共安全、社区环境健康、社区文化营造等公共议题，以社工发动、居民参与为主，居民自我管理、独立发起行动比较少。由于居民倡议和自我管理不足，相关公民行动的力度也比较弱，例如家综组织的社区文化活动——青少年创意墙绘目前只是在家综的活动场地实施，而不能深入社区，美化更多的社区公共场所。未来，社工要对居民组织进行持续培育，让组织能够持续运作和持续投入，将活动目标持续推进，而不是达到阶段性目标后，居民小组便失去了发展的动力，或者不能让居民组织产生自我运作、自我管理的能力。居民石姨说："义工可以慢慢自己上门，社工带队，重点由两个人负责，放手让这两个人去组织，（社工）不用做事才是叻①的，不要事必躬亲。"

二 对社区中产阶级参与社区发展的积极性调动不足

发动社区的中产力量参与社区建设是家综和街道方的共同追求。这首先与北京街的社区特点有关。北京街是广州成熟的商业中心之一，国企、私企、大商场、小商户林立；北京街是广州的

---

① 粤语，意思是厉害。

政治中心，有很多社会资源；北京街也有穷人和社会问题，比如旧城区有危房、外来人口居住条件不佳、人口密集对公共卫生构成挑战等。对于这些越来越有能力自由支配自身私有财产的中产人士，靠政治动员让他们为社区做贡献的方式逐渐失效了，纵使街道方也无法做到让中产人士热心于某些社会活动。因此，街道方对社区发展的理解在于，家综不仅要服务弱势人群，还要调动中产阶级关心社区事务。

> 社区里面有很多能人，有做处长的、做老师的，有些是退休公务员，社工应该是组织者，牵头组织一个有领导能力的团体，让他们多为社区活动出谋划策，就不用这几个社工去做了。有几个积极分子在，大家拍个照都很开心。（居民吴伯）

> 人家认为北京街很富裕，其实是个误区，北京街的商铺其实是人家的，大的税收轮不到我们（街道）。企业看到这里是繁华地区，不应该有穷人，其实一样有。旧城区有很多平房被拆除，有些慢慢变成危房，有的一间住三家人，外来人口的居住条件很差，我见过一家，进去后鞋、衣服到处都是，很容易感染疾病。宣传很重要，要让整个社会都有责任感，付出爱，如果中间的人（中产）漠视这些问题，觉得该由政府去做，自己不用参与，政府就很吃力了。（街道民政科科长）

> 学生能力有限，只能参加一些活动为社区贡献一分力量。如果家境比较好的，可以捐献些资金，给社区添置一些设备。（青年义工润辉）

启创·北京街家综过去的服务资源向弱势群体倾斜，但家综并没有将中产阶级排除在服务对象之外，而是逐渐积累了一些经验，比如让中产家庭参与社区服务，鼓励普通居民发声，从而使中产居民也能了解社区的需求。这些工作加强了不同阶层之间的联系，虽然距离在不同阶层间建立持续的互助体系还有一个过程。

在社区参与的工作方法中，中产阶级参与社区事务不只是鼓励中产阶级发挥自己的能力和才干，就像某些社会组织希望企业家会员出心、出力、出席、出钱，这都不是中产阶级参与的最高层次。社区参与的最高层次是社区自治，是中产阶级能够参与社区决策，这在于政府的社区政策制定和社区资源投放，要下放权力给社区。社工不仅要教育中产阶级参与居民互助，还要对中产阶级进行赋权，让中产阶级能够自我管理，能够影响与他们自身相关的决策。

三　逐步扩大居民社区参与的覆盖面

如前所述，一些热心居民对比街道和一些政府部门主办的活动，认为社工办的活动规模比较小，惠及的居民也比较少，希望社工能够扩大活动规模、动员更多人群。

> 考虑家综社工怎样有更大的发展，应该一个季度举办一次大型活动，不要每次只是探访几个人、十几个人，人多看上去气势都不同。还可以把大型活动的时间固定下来，比如这个月，专门做老人服务，定个名字，像节日那样搞。（居民陈姨）
>
> 你们掌握了需要帮助的老人名字，都入了册，哪些是居家养老的、哪些是独居的，如果成天服侍他们那是不可能的，只能是每周组织一两次去帮他们搞卫生，组织中学生去问候，现在中学生不太会尊重老人。（居民石姨）

第三节　社区整体发展层面

一　家综与社区管理服务体系的相互借力仍有待探索

前面提到，启创·北京街家综受到街道的行政干预很少，服务基本自主，同时，家综与街道建立了个案转介、三方协商会议、季报传送等沟通机制，但是，家综在街道方主导的、不断扩大的社区管理服务体系中扮演什么样的角色，相互怎样配合工作，还有很多难题没有解决。而这种合作机制能否深化显然也影响了家综服务成效的进一步提升。

第一，大量的社区信息掌握在街道方手里，目前这些信息显然不是小小的一个家综通过几次社区调查和日常服务能够掌握的。街道民政科科长说："我觉得，如果家综不知道社区人群的分布和需求，就抓不住重点人群。现在规定是户口在哪里就享受哪里的服务，但是北京街老城区的空置率达50%，一半人不在这里，在的大多是外来人口，既然如此，那么外来人口的情况也要掌握。"若能够通过街道的信息对社区进行更为准确的宏观分析，则有助于家综更好地设计和定位自身的服务。

第二，家综与相关社区管理服务部门之间需要更深层次的分工配合机制，从而更好地服务居民，以及明确居民对家综作为社会组织的认知。在街道方看来，家综社工以年轻人为主，他们的活动策划、组织能力较强，对政府管理和政策执行则缺乏经验。目前每个职能部门的工作都包含创新政策、购买服务和主办活动，有些服务可能是重叠的，可能因信息不通而造成资源运用不当。比如家综的资源只够策划活动、举办讲座，而讲座主要是健康讲座，那么就会使家综服务失去对居民的吸引力。因此对街道而言，怎么优化不同职能部门的资源配置，让家综得到更多的资源是需要考虑的。其中一个方向是网格化与家综的结合，问需于民、问计于民。

　　社工长期在社区开展服务，逐渐与居民建立了比较好的关系。居民会向社工反映社区内很多管理不善的地方，期望社工能够协调处理，或者向有关部门反映。例如，社区内的健身设施，在没有损坏或者生锈的情况下被更换，社区居民会觉得很可惜，但不知道可以找哪个政府部门处理，希望家综可以向有关部门提议不要更换。但实际上家综对社区事务没有管理权限或者提议权限，对于社区居民反映的很多民生问题，社工很难协调处理。（《启创·北京街自评报告》，2014）

　　政府收垃圾管理费问题在旧城区处理得不太好，阻力比较大，居民后续还是会丢垃圾，环境很脏，夏天有很多昆虫，容易造成疾病，比如流感。市政方面又经常修路，把路弄坏了就修，路修了没多久又会坏，单以家综的能力去关注这些问题，其实作用并不大，这是社区问题。（青年义工杰辉）

　　第三，街道的活动经费、活动场地等资源有待更多地分享给家综，为家综服务效果的发挥创造外部条件。街道工作人员指出，以前社区的资金没有那么充裕，每个居民有10元的活动经费，社区主任可以组织活动，近年来政府不断下放经费给社区，经费很充足，而居委会没有精力去开展更多居民服务，这样每年都能积累下来数以万计的活动资金。家综每年只有200万元购买资金，如果能够将社区多余的活动经费提供给家综，则能帮助家综开展更多促进社区发展的服务，将服务拓展到更边缘弱势的群体。更便利的活动场地、位置较好的社区宣传栏也是家综改善服务效果所需的硬件设施。此外，街道介绍社区内有资源的人给家综，也对家综更好地打开社区服务局面有极大益处。

二 社会筹资渠道不够丰富，社区商家参与不足

在社区发展模式中，社工被要求充分开发社区资源，让社区通过自助实现发展。在过去4年，启创·北京街家综的工作重点是实现居民之间的互助，培养居民的社区意识，而这项工作才刚刚开始，人力投入多了，但钱物的投入还比较少。这里要解决的有两个问题。第一，家综以什么身份在社区筹款。在广州，家综本身没有公募资格，但可以依据《广州募捐条例》申请为期3个月的募捐资格，在一定地域范围内对特定公益项目进行筹款。同时也可以借助慈善会、基金会的平台来进行专项筹款，或者跟街道合作筹款。选择不同的筹款身份和途径，会影响筹款的公信力和效果。

第二，家综对谁筹款。目前启创·北京街家综主要接受热心市民的捐款，而没有系统地调动社区内商家群体的积极性。对于大型的社区公共项目，可以借助街道的力量，调动企业社会责任感，加强与企业的沟通合作，探索互动共赢的方法。

> 大企业的人大代表、党代表，他们的产生跟街道有关系，政府要求他们必须有服务基层的时间，那么家综可以跟他们聊。而且现在很多私营企业需要做广告，做公益的效果好过在电视上播广告。他们拿一笔钱，肯定会给有影响力的（公益组织）去做，不会给默默无名的。依赖街道，企业也可以达到宣传效果。场地由政府提供，商家去解决大的项目资金问题，互相合作。（街道民政科科长）

三 家综应尝试发挥实质性的政策影响力

通过4年的社区工作，家综的社工对社区居民的生活状况有了较为深入的理解，当他们开始关注一些居民的个体诉求和社区的具体问题后，便发现很多问题源于结构性问题或政策性限制。例如，要消除公房的安全隐患，就需要对室内外的安全设施（如扶手）进行改善，但是需要投入的资金较大，而负责公房设施的房管局却不认为室内的安全设施改善是自身的职责。再如，居家养老服务只能覆盖一部分高龄的老人，而未覆盖相对年轻却健康状况不佳的老人。像这些涉及政策福利、社区设施等方面的需求靠动员社区力量难以满足，也很难形成足够的说服力来动员居民参与，因为居民也会认为解决这些问题应该是政府的职责。未来家综应该继续对涉及居民生活的政策增加了解，探索从体制内外不同渠道影响政策的方法。

　　这几年家综尝试推动居民参与社区事务，但有一些社区问题涉及政策，我们感觉还是有局限性和困难的。例如面对公房长者居住不安全、高龄双老长者居家养老服务不足等问题，社工努力向房管所、老龄办等不同部门反映，但是在政策推动方面效果不明显，得到的回应也很少。社工浸泡在社区，天天与居民打交道，对居民的需求是十分熟悉的，但参与政策制定和修订的机会很少。

　　面对这些十分实际而量又很大的需求，如果社工单纯采取发动社区内居民、公司募捐的方式，力量是很小的。而且这只是找一个资源填一个洞，无法更好地在社区服务规划中提出建设性意见。面对某些过时的政策，需要组织利益相关方去讨论，令社区不同个人、单位、政府都觉得这个问题是重要的，产生商讨可能性，才会有政策倡导的发生。（家综主任）

　　从下到上推动政策实施比较难，家综和我们义工更加贴近社会，更加了解居民的情况，可以选择有权力的人合作，找一些上层的人，一起做这件事。（青年义工杰豪）

家综若要发挥政策影响力，光是能够把具体政策分析透彻，能够区分好政府、企业和民间的权责，形成政策改良的依据，这是不够的。因为政策的形成和改变单单靠家综的一己之力是难以实现的，还需要政府、政策受益者/受害者、热心市民、媒体等多方面的共同努力。目前，很多居民对运用和争取现行政策都心存胆怯，遑论争取还没有的政策。家综未来要继续提高居民的政策参与意识，运用社区内外的力量关注社区的发展。

过去一年我们在推动"关照长者公房改造计划"中，听到居住在里面的长者对公房安全有挺多私下的讨论和意见，但是大部分长者很少有向相关部分反映意见的经验和意识，他们不知如何表达，同时担忧自己会被误会为爱惹事之人。当我们向房管所反映这个问题时，却了解到公房安装楼梯扶手不在他们的职责范围内。面对长者在公房中屡屡跌倒受伤的案例，我们很心痛。居民、企业、政府对这个问题的认识、讨论也不多，甚至不知有这样一群长者生活在这样的环境中。如何让这群资源匮乏的长者得到一个更安全的养老环境呢？过去几年的尝试，让我们看到年轻人关注社区问题并主动表达的意识会更强，于是，我们开始思考借助年轻人，通过他们的视角和讨论，带领更多人、更多单位加入这个讨论。（家综主任）

第四节　服务运营层面

一　加快培养能够开展社区发展工作的社工人才

启创·北京街家综督导、香港社区发展资深社工尹洪章女士说："社区发展如果要达到一个理想的方向，同事需要有一些共同的理念，但现在的情况是有些同事对这些理念掌握得好，有些却掌握得不好。一个家综的社工同时要负责个案、小组及社区发展，要兼顾的事情很多，要追赶的指标也很多，他们在边做边学，所以学得很慢。现在广州家综的指标模式确实是社工专业发展的一大挑战。"因此，家综能否持续朝着社区发展的方向前进，跟家综社工有无社区发展的工作能力直接相关。在社工人才培养方面，有以下几方面的工作可以完善。

第一，通过社工教育系统介绍社区发展的价值观、理论和技巧。

第二，家综总体项目经费要考虑社工升职加薪、女性怀孕等因素而逐年增加，从而保留优质人才，减少人手流动带来的负面影响。

第三，家综总体项目经费要根据社工对专业督导的需求而有所增加，让更多社工能够获得专业督导的帮助。

第四，购买服务合同里要减少指标性的要求，多留些空间给社工深化社区服务。

二　及时总结服务经验，推动服务制度化，减少社工人才流动带来的负面影响

在居民座谈会上，好几个居民代表都表达了对社工人才流动的意见，他们希望社工能够更加稳定，让重复举办的活动能够更有效率，与居民建立的关系能够更加持久。在无法保证社工稳定的情况下，他们建议家综在制度建设上做得更好，把服务流程文本化，将有关居民、义工的信息登记得更完备，从而减少沟通成本。

刚开始居民不是那么相信家综这个新事物，加上社工在变，有些我们熟悉的社工调动了，连我们这些经常参加活动

快乐社区营造

的居民有时候都感到蒙查查①。大家对以前家综的社工知根知底，这几年换了些人，对有些情况不了解，例如包粽子需要几斤米、几片粽叶，新来的社工总是不知道。所以建议家综多留些活动操作档案，这样到时换谁来都会做这些事。（居民陈姨）

志愿者不是个个都为了做好事而来，有些是为了出名，有的就想来拿件衣衫，有些来勾女勾仔②，但最重要的是来做，"一起来更精彩"。每个活动都要有个策划小组，这个小组要知道义工有什么能力、什么爱好，要做好登记，安排有些义工专门探访，有些义工打电话关心老人，有些义工帮忙做电工活、木工活。（居民吴伯）

---

① 蒙查查，粤语方言，本意是看不清楚，生活中往往指不明白、犯迷糊。
② 勾女勾仔，粤语方言，意思分别是找女朋友、找男朋友。

第七章
总结与展望

　　从国际社会工作的发展来看，地区发展模式作为社会工作的一种经典工作模式，其起源可以追溯到19世纪的睦邻组织运动。这一工作模式强调自助自决、沟通合作，符合中国人不喜对抗且爱面子的文化传统。在现代化的进程中，社区问题的复杂化、社区居民的原子化和社区管理的精细化，使社会工作越来越远离地区发展模式对居民自主的重视，与此同时，社会工作发展出新的、多半建基于赋权之上的实践模式，从而有力地补充了地区发展模式的不足。

　　中国社会工作起步晚、发展快，不同地区根据地方社区实情、服务人群特征以及地方财政投入的情况，选取和借鉴了不同的服务模式，不少农村社区或城市化水平没那么高的地区选择了社区发展模式来开拓社会工作。在广州这个经济发展水平、人口总量等均排在前列的地方，社会工作从21世纪初开始在青少年、老年、妇女等领域缓慢发展，其第一笔轰动全国的大额政府订单也产生在青少年领域。在社会管理创新的国家宏观背景下，市政府领导赴中国香港、新加坡等地区和国家进行考察，借鉴并迅速铺开了社区家庭综合服务的社会工作实务模式。这一模式要求社工在社区开展面面俱到的服务。

　　启创·北京街家综就是这些应运而生的家综之一。或许，当她在事无巨细地分享和分析自己的服务经验时，一不小心还

是会出现指标痕迹——她毕竟是在现行的家综整体制度下开展工作。这些服务指标有些终究被有心的家综社工引到了居民社区参与的方向，有些则没有。甚至可以说，大部分服务做完了就完了，除了在开展服务的社工以及参与服务的居民心中留下了"我参加过××家综的一个活动"的记忆和几张照片以外，大概也没有留下什么。但是，或许可以说，因为有这个家综的存在，一些从未参与过社区公共事务的甚至本来觉得自己是弱势群体的居民在家综社工的引导下，能够关注社区公共议题，参与策划家综主办的活动，他们的行动或许很小，却在这个过程中锻炼了能力、认识了朋友、了解了社区，为他们进行更深入、更有力的社区参与奠定了基础。因为有这个家综的存在，一些社区里的热心居民多了一个平台去施展拳脚，他们积累的社区资本、人情关系和生活智慧有了发挥的余地，他们的贡献越大，决策的权力越大，社区就越能成为他们的社区，成为社区居民的社区。

幸运的是，启创在北京街的家综服务有惊无险地进入了第5年。这一支小小的家综社工团队在北京街社区的4年耕耘，积累了不少居民、企业、社会组织的社会资本，使其具有一定的社会资源调动能力，这是进一步深化居民社区参与不可缺少的基础。如果这支团队离开了，那么其促进居民正向发展、培育居民社区参与、促进社区发展的进程就会被打断，一切又要重新开始。未来，希望这支团队能够留在社区继续实践社区发展的梦想，在积累服务经验的基础上继续完善自身服务，给后来者留下一些前车之鉴，让居民在社区参与的道路上走得更远。

只有团队稳定，社区参与才能持续。这对于社工团队如此，对于居民组织也是如此。人员稳定，合作才会有更多的默契和信任，讨论才能深入进行，行动才能迅速和有效。未来，启创·北京街不仅需要社工精英和居民领袖，还需要建立更为常规化、组织化的社区参与体系，让居民不只是在家综这个小小的空间里意

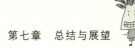

见被尊重、建议被采纳，还要在更广泛的社区议题中，慢慢能决
定与自己切身利益相关的社区事务，慢慢能参与改变考虑不周甚
至有所偏颇的社会政策，慢慢汇聚成为一股股多元包容的社区
力量。

下篇　服务案例集锦

第八章
居民的正向发展

第一节　明里做，暗里收
——一名抑郁长者走出家门的历程

卢家雯

案主一开始接受辅导时，经常问工作人员："我这样担心事情是不是不正常？""我经常去医院能不能有效阻止担忧呢？""我经常担忧这么多，是不是应该逃避，不要想这些呢？"经过10个月的面谈辅导后，案主在第24次面谈中，主动承认辅导取得了成效。

一　背景

1. 个案来源

案主因感觉情绪抑郁主动求助于社工，并要求社工提供定期的面谈辅导。

2. 案主基本资料

Y姨于10年前刚退休时被确诊患有抑郁症，根据心理医生诊断，每天服用药物，这样才能保证每晚的睡眠质量。除了抑郁症，案主还患有心因性高血压和贫血等疾病。她与丈夫、儿子同住，还需要定期照顾家婆，游走在家庭和医院之间。案主3年前曾有自

杀念头，但被当时的居委会主任劝阻。

3. 案主的支持系统情况

案主与丈夫和儿子的沟通较为充分，与婆家的小姑子协作照顾家婆。至于案主的邻里支持系统，案主很少与邻居沟通，与某个居委会工作人员的联系较为紧密。

4. 案主的家庭资源或者个人资源

案主退休前是幼儿园老师，具备一定的分析能力和学习能力。至于案主的家庭资源，案主的小儿子经常陪伴案主，也是案主精神、情绪支持的主要来源。

二　个案的需求评估

1. 社工对案主的观察

Y 姨对个人感受、情绪表现都比较紧张，而且会把小情绪当成大问题从而诱发很多担忧。另外 Y 姨对个人的想法比较坚持，对如何安排照顾家婆与家庭成员想法不一致，在家庭决策时坚持个人想法，因而积累了不小的压力。

2. 案主过往应对方法以及个人能力评估

Y 姨曾于 2012 年接受过中心社工提供的个人辅导，也曾到医院的心理专科进行个人咨询，其间曾服用抗抑郁药物以及协助睡眠的药物。

3. 案主对辅导服务的期望

Y 姨期望定期与社工个别面谈，接受辅导，想学会缓解紧张情绪和解除担忧的方法。

4. 社工综合评估案主过去参加中心各活动的表现

Y 姨个人喜好参与具有持续性的活动，并且很想在某个平台表现个人能力。综合 Y 姨过去参与活动的情况（歌唱小组、长者生日会、退休新生活小组、相声小组），发现 Y 姨在歌唱类或者与歌唱相关的表演性活动中表现积极活跃。

三　辅导过程/阶段性转变

1. 介入理论

活动理论，主张用新的角色取代因丧偶、丧亲或退休而失去的角色，从而把自身与社会的距离缩短到最低限度。社会不仅在态度上应鼓励老年人积极参与他们力所能及的一切社会活动，而且应努力为老年人参与社会活动提供条件。让老年人保持较高频率的活动，积极参与社会生活，对防止老年人脑退化和保持精神健康具有积极作用。

2. 辅导目标

（1）评估案主自杀的危险性，以及了解案主的自杀计划。

（2）缓解案主长期受压和作为长期照顾者的情绪。

（3）陪同案主探索缓解紧张情绪和解除担忧的方法。

（4）与案主一同探讨其感兴趣并能体现个人自尊、自我价值的安排或活动，尤其以提升歌唱表演能力为主。

3. 辅导阶段历程

（1）第一阶段：确保生命安全，并做好自杀危险系数评估。

社工评估案主的自杀危险系数，主要采用观察和倾听案主表述的方式，对自杀原因、自杀计划、提及自杀的频率以及曾表述的自杀方式等进行评估，在情绪类辅导中，这是排除案主做出极端危害生命安全行为的第一步。

（2）第二阶段：在倾听中建立专业关系。

与案主建立良好的专业关系，这是一段互相信任和互相尊重的专业关系。在此阶段，工作人员应用积极倾听技巧，除了倾听案主口述表达的内容，还要观察案主的行为，包括表情、动作、语速等，以保证案主在被充分尊重和信任的环境中，以开放的态度一起寻找解决方法。

例如，在开始辅导之前，工作人员向案主澄清辅导目标，主要是协助案主明晰服务目标和工作人员的职责，以及清晰交代辅

导过程中面谈频率的变化。前期面谈频率定于一周一次，以增加案主倾诉的机会，从而促进工作人员与案主之间关系的建立。中期面谈频率定于一月两次，以巩固案主在辅导过程中习得的技巧。后期面谈频率定于一月一次甚至两月一次，以逐步为结案做准备。

（3）第三阶段：通过持续不断的同理心反映，使案主逐步实现自我探索。

进入辅导阶段，有两个跟进目标需要同时处理：一是缓解案主作为长期照顾者的情绪，二是协助案主探索可表现个人能力的平台。社工重复运用同理心反映这个方法，以逐步加强案主自我探索的动机，而且与案主一同寻找个人周边的支持力量。

在缓解作为长期照顾者的情绪方面，结合案主个人具备分析和学习能力的情况，社工引导案主运用画家庭支持图的方法，与案主探索，在长期照顾家婆过程中个人周边的支持资源，包括婆家系统、娘家系统、居住社区系统等，并且用不同颜色和不同形状的线条表示支持强度。

在探索个人能力展现平台方面，结合案主退休前所从事的职业和兴趣爱好，逐步筛选其在现阶段能持续深化的爱好。从唱歌、跳舞、主持、拉手风琴等中，案主最后选择了唱歌作为现阶段持续深化的爱好，工作人员与案主通过讨论，确定了"如何发展或重现唱歌能力"的发展方向。

（4）第四阶段：在倾听中陪同案主实践方法、执行计划。

在缓解作为长期照顾者情绪方面，案主决定运用社工推荐的《担心太多怎么办》一书中的"担心盒子"储存担心和忧虑，并过一段时间后再把这些担心和忧虑拿出来分析"是否仍需担心"或者"是否仍有危害"，再运用家庭支持系统中的正面支持，共同面对照顾高龄家婆的压力。

在探索个人能力展现平台方面，案主将"如何发展或重现唱歌能力"的发展方向定位于"能够站在台上唱歌或者领唱"。计划在助手、协作者、导师三个角色中逐步转换和寻找展现机会，社工在案主经历这三个角色的过程中不断倾听案主的正面和负面的回应。

（5）第五阶段：结合同理心反映和倾听，逐步巩固辅导成效。

在第四阶段后，案主仍需在日常生活中不断应用自己寻找的方法，应对自己的抑郁心理。社工坚持用同理心反映和倾听两大技巧，与案主回顾前一阶段自我探索的方法和计划，并且利用这些支持性技巧持续鼓励案主。

四 辅导阶段的技巧

1. 积极倾听，让案主感受到工作人员对其的关注

工作人员在整个辅导过程中持续运用积极倾听技巧，除了倾听案主口述的内容，还观察案主的行为，包括表情、动作、语速等，与此同时，社工还运用"原来如此""嗯""对的！对的"等回应技巧。建立专业关系和推动辅导进程，更重要的是让案主感觉到自己是在一个安全、被信任和被尊重的环境中接受服务。

2. 同理心反映是指正确感受案主的情绪和困扰

一般案主都会用很长的铺垫表达情绪，工作人员需要在其冗长的陈述中抓住重点，避免用问题来反映同理。例如，案主经常和我分享："我认为这样安排才是最好的，为什么他们就不能理解我的苦衷呢？"工作人员一般这样表达同理："我听到你对其他家庭成员的不理解感到很困惑，那你认为他们要了解你的哪些苦衷呢？"要用开放式的回应，一方面表达了工作人员聆听到了她的想法，另一方面探索案主的内心想法。

3. 鼓励性的语言和表情，对案主的转变有积极影响

在此次辅导过程中，案主的自我分析能力、学习能力和改变动机是促进案主走出家门的重要因素，而工作人员除了同理心反映和积极倾听之外，在陪伴过程中使用鼓励性语言和表情，也是对案主积极转变的认同。

五 辅导成效

1. 案主参与能力展现平台

案主曾总结："明里做，暗里收。"这句话一方面表明案主增强了自身持续改变的动力，另一方面表明案主内化了此次辅导的真正意义。案主从自己在唱歌小组里"助手""协作者""导师"三个角色的逐步转变，反思自己的收获。从这句反馈中，可看出案主内化了"助人为快乐之本"的含义。案主在辅导后期，经常反馈协助歌唱组的心得："表面上我帮高龄老人学唱歌，其实我心里感到无比快乐，而且这种快乐是我在过去从未感受到的。"

2. 案主自我探索能力提升

在能力展现平台中，案主自我探索的能力逐步提升。案主在能力展现过程中，个人主观意愿、看法都有不同程度的转变，例如，"如果这次教不完半首歌，我不会因此气馁，因为高龄老人的学习速度要慢一点"，案主不断变得宽容，逐步学会了站在他人角度考虑，这是很好的自我探索的阶段性成果。

六 社工在辅导过程中的心路历程

1. 社工务必明了跟进目标以及跟进策略

在辅导过程中，社工用了积极倾听和同理心反映两大技巧。与其说社工辅导案主，不如说是陪同案主自我探索。在这个过程中，社工的专业性表现在个案评估和陪同技巧。所以辅导目标的实现和辅导策略的推进，需要社工保持清晰的头脑，以及充分同理案主在每个阶段的能力，以持续展现案主的能力。

2. 社工定期鼓励，维持真诚和信任的关系

在这一次的实践中，所谓个案的专业关系，让社工深刻感受到，是工作人员与案主之间的真诚和信任。一段良好的专业关系，将辅导的每个阶段无缝串联起来。在情绪困扰的个案中，有部分

案主缺乏自信，更多的技巧对他们来说只是累赘，他们更需要的是社工在陪同过程中的鼓励和支持。

第二节 从自杀个案的紧急介入，到社区健康情绪教育的发展

黄结笑

世界卫生组织指出："健康不仅是没有病和不虚弱，而且是身体、心理、社会三方面的完满状态。"因此每个人要想身体健康，必须具有健康的情绪。若遇事过于悲伤，甚至产生"敷衍"活下去的情绪，则这种有害的情绪就会宛如慢性病，在无形中逐步伤害人的健康，加深对社区的负面影响。在过去几年的中心服务中，本家综处理过两个居民自杀的家庭紧急支援个案，虽然这些个案已发生一段时间，但每每反思都让跟进的团队感到内心沉重，同时也让我们看到，在社区内居民排解负面情绪的渠道非常少，因而在社区内推行积极情绪教育及建立危机介入机制是十分重要的。下面将以一个个案为例，反思、讨论中心建立的危机介入机制，以及后来根据此事件推行的社区积极情绪教育计划。

一 案例背景

2013 年秋季某天下午四点半左右，启创·北京街家庭综合服务中心收到一位神色慌张的街坊的求助：一位中年男士在毫无征兆的情况下，爬上这个街坊所住高楼跳楼自杀，并当场身亡。中心紧急介入自杀个案的处理。

该男士在遗书中透露在自杀前 3 个月被一家公司辞退，后又找到了一份临时的工作，但因上班时间不稳定，心理压力大，经常失眠。自杀前该男士自行前往看心理医生，被怀疑有抑郁症，但这一情况家人表示事先不知情。

据其邻居介绍，男士已婚，与太太育有一女，女儿刚满 7 岁。

他与父母及妻女住在狭小的一室一厅的房子内，男士是家庭的经济支柱。

二　前期现场评估

社工接到街坊求助信息后，马上到达现场，观察评估当时面临的问题。当时正值下班和中小学生放学时间，事发地点位于人流量较大的街道，有很多街坊和小孩路过，路过者均感到震惊，有的人神色慌张地离开，同时也有一部分街坊围观，或是猜测事件的原因或是叹息。随着下班时间到来，围观的人随之增加，负面情绪在社区传播。居委会人员已到现场，并报警等待警察到场处理，未有下一步计划。

由于围观的人越来越多，社工与居委会商量先紧急处理三方面的事情。首先，先在现场拉起警戒线，安排几位同事在现场疏导街坊离开，减少围观，并观察街坊现场的情绪，随时给予支持。其次，在事发地点100米外的两头街口安排人手，引导街坊离开并照顾小孩。最后，通过死者的邻居和亲戚的协助，拨打死者太太的电话，通知家属。

得知丈夫自杀身亡的噩耗迅速赶到现场的妻子情绪十分激动，无法正常交流，太太无法相信早上还在与女儿玩耍的他，在家人出门后会爬上楼顶自杀身亡。死者父母的情绪也接近崩溃的边缘，更不知道该怎么和孙女交代。死者父亲偷偷把孙女带到居委会办公室，先安置孙女做功课。另外，当天男子自杀身亡时正值下班时间，街坊议论纷纷，在社区内造成了非常不好的影响。

三　案例分析

社工观察评估了当时面临的问题。首先，家属情绪非常激动，接近崩溃，亟须支援。其次，家属情绪不稳定，对后事处理无从下手。再次，家属不知如何向死者孩子讲述此事，非常焦虑。最后，当时正值下班和中小学生放学时间，事发地点有很多街坊路过，路过者均感到很害怕，负面情绪在社区传播。

危机理论指出，危机是指一个人的正常生活受到意外危险事件的破坏而产生的身心混乱状态。危机事件会对人们产生极大的冲击，除了影响经济、工作、日常生活事务之外，对情绪上的冲击也非常大。在危机事件发生后，尽快回到日常的生活状态是最重要的。其中，丧亲对于人们来说是一个较大的危机事件。

目前事发家庭正处在哀伤期，同时社区也面临哀伤情绪的感染。危机介入的首要目标是以调适和治疗为中心，尽可能地降低危机造成的危害，避免不良影响扩大。

四　本个案的行动策略及介入方案

家综在危机处理黄金72小时内的第一小时成立危机紧急介入小组，小组成员包括机构负责人、专业督导、家综主任、资深社工。明确个案经理、督导、家综上级支持即机构层面所能给予的支持，确立介入跟进的方案和紧急情况的汇报机制。下面是个案的介入方案。

个案经理统筹整个事件的处理，以及负责与街道工作人员、居委会工作人员、警方的联络与合作。在必要的情况下，应对媒体。

在家庭紧急支援方面，选取一个有经验的社工陪伴家属，并确定未来一段时间由该同事跟进这个家庭的哀伤辅导，协助家庭面对丧亲的哀伤。

在社区层面，当日一队同事在事发现场，与居委会工作人员、警察合作，将现场围起来，引导围观的居民有序离开，减少负面情绪传播。

事发第二天，家综开放情绪支援热线，24小时接受街坊的倾诉。

建立负面情绪感染的危机排查机制，减少社区的负面情绪。在 72 小时内对事发楼宇附近的 4 排楼宇 198 户居民进行家访，进行情绪评估，同时开放缓解压力的工作坊，让有需要的街坊得到正面的舒缓渠道。

五　本次介入的成效

整个介入是及时和全面的，陪伴家庭和社区度过了哀伤的日子。

1. 陪伴家庭面对哀伤和无力感

在事发三天内，介入小组一直陪伴、协助事发家庭处理后事，在事发当天，介入小组全程陪伴死者太太及其他家人，协助家属面对丧亲的失落感。陪伴、协助死者太太及其他家人在准备后事的过程中向逝者告别，通过瞻仰遗容等方式表达自己的不舍，并坦然地将情感投注在新家庭关系里。协助死者家属逐步正视潜在的担忧情绪，协助死者女儿正视父亲的离世，协助家属度过哀伤期，走出家庭的灰霾期。

2. 建立有效的社区舒缓渠道

通过大范围的家庭入户探访，让居民可以正面抒发由本次事件引起的哀伤等负面情绪，向有需要的居民介绍家综建立的社区居民负面情绪的舒缓渠道，包括个别咨询、热线、减压工作坊等，为有需要的街坊提供帮助。同时鼓励家庭成员相互支持，观察未成年人在本次事件中受到的影响，及时给予支持或鼓励其寻求社工协助。

此次家访过程，让潜在的个案得到个别化的支援，降低负面情绪感染和传播的概率。超过一半的家庭反馈，入户社工这种及时的关心很好，可以让自己的情绪得到释放，意识到需要正视生活及工作产生的负面情绪，同时了解到如何观察事件对未成人的影响。

六 对介入的反思

1. 家综内急需建立社区危机介入机制

本次危机介入得到机构和督导的大力支持，并给予了跟进的意见和反馈。作为本介入的个案经理，我感受到团队在介入时因缺乏指引，在前期感到慌张。而危机事件的影响是大而快速的，如何快速进行家庭分析、社区分析，与街道警察合作，与媒体合作，在黄金时间内快速介入，给予家庭支持，尽量减少事件对家庭及社区的影响是十分重要的。对本次事件，家综介入比较及时和全面，家综借鉴此次经验，整理出应对社区危机的指引机制，内容包括危机界定、危机应对小组的成立流程、机构的支持启动、多方合作的指引等，并向全体同事推行。

2. 提升社工对危机事件的敏感度

"这些住房十分阴暗、破旧，如果我住在里面，我也会感到十分压抑！""走在这些楼房里，我感到不舒服，里面没有生气（希望)！""住在里面的人也会受到这些影响吧，之前没有这么深的感受！"这些说法来自家访的同事对环境的观察。

此前家综曾在本区多次定期"扫楼"，但年轻的社工未必有足够的敏感度。由于缺乏经验，很少对环境的观察有如此深的感受，日常更多关注入户家庭的关系和推荐社工服务。本次事件是一个警钟，家综服务直面社区，对社工的要求很高，需要多面全能手，即家综除了为社区提供大量的预防发展服务，还需要具备处理各种危机、伤害性事件的能力，即社工需要具备发现并及时评估自杀、抑郁人士需求的敏感度。但目前社工资历尚浅，缺乏处理经验，这方面的教育支持，仍然需要学校和有关机构的共同努力。

七　新发展：推动社区的积极情绪教育及正面环境改善，培育社区新活力

在该事件中，家综意识到除了要完善教育培训机制，还要积极推动积极情绪教育，于是在 2013～2014 年，家综连续通过两个计划推动社区正面发展。

1. 推行日常的个别情绪支援计划和积极情绪社区教育计划

在 2013～2014 年，每季度进行一次积极情绪教育宣传，向全社区居民介绍健康情绪知识、减压方法及求助的方法（包括求助中心辅导服务、市内情绪支援热线的方法）。教育宣传的方式包括：大型"扫楼"入户宣传、社区活动宣传等。2013～2014 年主动来中心寻求情绪支援的个案明显增加了。

2. 推行城市农夫计划，培育社区正向新活力

家综结合正向心理学的理念，推行城市农夫计划。鼓励忙碌的居民通过劳作锻炼身体、收获健康，而种植过程也是一个很好的进行心理净化和"治疗"的过程，绿色植物的生长过程给心灵带来一份放松和舒畅，同时绿色植物的种植也给环境增加了活力。2013～2014 年上半年中心举办了健康家庭工作坊活动、创意种植工作坊活动、农场出游活动等中小型活动，增加了初次认识的居民之间的联系和互助。目前吸引了一大批长者参与种植计划长者小组，在其中挖掘出多名社区核心领袖，他们乐于献言建策。随着兴趣被激发，长者不限于个人家庭的种植，开始向社工提议美化社区广场的绿化带，并鼓舞他人参与，可见居民通过种植开始真正关注社区环境。社工未来将继续拓展计划，吸引并鼓励更多的居民一起关注和商讨如何美化社区绿化带，培养居民参与社区管理的意识和能力，使他们乐于参与其中，改善居民的社区关系，增强社区归属感，共建健康快乐的社区。中心在 2014 年开始把此计划推广到学校，受到了学校的欢迎。

第三节　小义工与老人家

——来自"义彩童年"老幼互助计划的故事

孙晓寒

北京街广卫片区有长者 9201 人，占全街总人口的 17.68%。在这个老龄化程度较高的社区，为老人提供合适的服务必不可少。对于身体状况良好的长者，学习能让其保持对生活的自信，丰富晚年生活，但是退休之后老人学习的机会不多。而身体状况比较差的老人，特别是孤寡或者独居的老人，缺乏他人关怀，独自在家郁郁寡欢。"义彩童年"老幼互助计划由此而来。

2013 年，启创·北京街家庭综合服务中心与社区内的广中路小学合作开展"义彩童年"老幼互助计划，旨在让小学生利用课余时间为北京街广卫片区内的长者提供电脑导学与探访服务。一方面，小学生给长者带去新知识与关怀；另一方面，发挥长者"过来人"的作用，将其丰富的人生经验和"活到老、学到老"的坚定信念传递给小学生，并提升小学生的表达能力、理解能力，培养其关怀他人的良好品德。通过本计划促进社区老幼参与，弘扬老幼互助的社区氛围，让更多社区居民了解和关注社区老龄化问题。到目前为止，"义彩童年"老幼互助计划已开展了 2 年，服务社区内孤弱长者超过 200 人次，得到社区长者、学校和学生家长的支持与肯定。

在本计划开展过程中，发生了不少感人故事，有长者收到小义工的礼物感动不已的情景，有小义工深深佩服长者十年如一日照顾工友的时候，也有小义工家长从不理解义工服务到感叹孩子巨大变化的转折。接下来让我们走进小义工和老人的故事，一同感受他们的欢乐与苦恼。

一 故事一

主角：小义工——小文；老人家——敬伯（人物均为化名）。

小文，5年级，11岁，身形胖胖的小男孩。参加计划前是个鬼点子多、乐于表现自己的孩子，但性格有些急躁，不擅长将自己的想法表达出来。

敬伯，70岁，有想法、有个性的老伯伯。虽然年老眼花，理解能力变差，但是虚心受教。因为以前是由社工或者大学生教自己学电脑，这次听到是由小义工教自己电脑时，心里有些许不安，这些小孩子能教好吗？

电脑学习的第一课是开关机，开关机对我们年轻人来说十分简单，无非就是按下电源开关，点击几下鼠标。但是对于一个70岁的老人来说是一件颇为复杂的事情，老人可能无法理解为什么电脑关机需要用鼠标而开机却不用，为什么移动鼠标屏幕上的指针会跟着移动。同样，敬伯一开始也遇到了类似困难，而小文平时又多与同龄人交流，在教敬伯操作时讲解得过于简单，敬伯理解不了。小文对敬伯提的有些问题也觉得莫名其妙，回答得不清楚。

小文开始抱怨敬伯"笨"，敬伯也觉得小文教得"随便"。社工了解情况后就分别跟他们沟通，在社工的引导下，小文开始明白老人的理解能力跟年轻人不同，在跟老人交流时需要耐心，要一步一步地讲解，有时候一个简单的操作需要分成好几步说明。慢慢地，小文明白尽管老人的学习能力没有以前强，但他们对这个现代化的世界依然充满好奇，有非常强的学习欲望，需要的只是耐心的指导。敬伯也理解小文只是个小学生，毕竟处于调皮好动、缺乏耐心的年纪，指导的时候没有成年人说得那么仔细认真，但是他的成长空间很大，只要多称赞、多肯定，他就能做得更好。

当大家都理解对方之后，敬伯的电脑学习渐入佳境。两人的关系也变得熟络，犹如爷孙俩。小文会提前到家综为敬伯开机并把电脑的网络连接上，帮敬伯记写下学习的重点和操作的细节。敬伯也感受到小文的热忱，为此非常感激。不过，有时小文也会发小孩子脾气，敬伯一直听不懂的时候，小文会显得气馁，这时敬伯会继续耐心地请教小文，小文经常被敬伯坚持不懈、不懂就问的精神感动。他跟社工说，敬伯很厉害，值得自己学习，自己要耐心一点，再耐心一点。

慢慢地，小文和敬伯这对搭档合作得越来越顺利，小文不再像以前那么急躁，急于求成，更能体会到老人学习之不易，更懂得与老人沟通，理解能力和表达能力有了不小的提升。而敬伯受到小义工活力的感染，更加期待与小义工的合作，更加愿意参与社区活动，他亲身将"活到老、学到老"这一信念教给年青一代，年老并不可怕，老人的生活也可以这么充实和快乐。

二　故事二

主角：小义工——小豪；老人——梁姨。

小豪，5 年级，11 岁，外来儿童，与家人一起居住在家综附近，参加计划前是个学习成绩不太理想、不时游荡在社区内的"孩子王"，虽然从小在这里长大，但对社区归属感不强。

梁姨，75 岁，社区老街坊，乐于学习新知识，在社区生活了几十年，对这里有着深厚的感情。

一边是 11 岁的调皮小学生，另一边是年过 70 的老人，他们组成的电脑学习组合会有怎样的故事呢？

对于梁姨来说，学会用电脑之后最大的收获莫过于利用电脑上的音乐软件可以听到很多自己喜欢的老歌。在学习之余她会和小豪一起听听老歌，伴随着经典柔和的歌声，梁姨想起了许多以往的事情。梁姨也经常会跟小豪说起自己年轻时的经历。梁姨说得最多的一句便是"以前的广州可不是这样……"，此时小豪也会很配合地搜索一些广州的新老照片让梁姨回忆和对比。听梁姨讲着过去的故事，小豪似乎跟着梁姨回到了几十年前的老广州，似

乎看到社区里的骑楼、旧书院还有老电影院，不禁感叹，原来自己生活的社区有着这么特别的历史，心里还有点自豪。看了现在广州的照片，梁姨也感叹时代在变迁，不少有意思的地方被拆了，变成了繁华的高楼大厦。自从上了年纪后，梁姨就很少到社区外走动，如今学会了用电脑，在家也能感受到社会的变化，跟上时代的步伐。梁姨还语重心长地教导小豪，要好好爱护社区里的老建筑、老文物，不然以后的子孙就看不到了。

在小豪帮助梁姨学习电脑知识的过程中，小豪对社区的归属感慢慢增强，除了梁姨这个老朋友，他还结交了社区里其他小义工，不再是之前那样无所事事的"孩子王"，俨然是个万能小助手。虽然学习成绩不太理想，但是他拥有很多志同道合的朋友，真正融入了自己生活的社区，经常笑得很开心。而梁姨将自己的人生经历分享给年青一代，让大家了解社区的过去，鼓励大家关注社区、爱护社区。

三 故事三

主角：小义工——小言；老人——陈婆婆。

小言，6 年级，12 岁，独生孩子，学习成绩好，写得一手好字，但是在家是个"小皇帝"，奶奶是他的"仆人"，对奶奶的关爱觉得理所当然。

陈婆婆，80 岁，年老体弱，年轻时生活艰苦，一讲起往事，就难以抑制内心的辛酸、苦楚。目前独居，期望与人交往。

小言去探访陈婆婆，当他询问陈婆婆最近的身体状况如何时，陈婆婆开始讲起她辛酸的往事。那时她结婚不久，孩子还嗷嗷待哺，丈夫因病去世，为了照顾几个孩子，陈婆婆换过各种工作，给人补过鞋，洗过碗，摆过摊，卖过豆腐。因为工作环境不好，自己的脚经常要泡在水里，日子久了，得了风湿病，现在年纪大了，腿脚的问题变得严重，需要拐杖来支撑，也出不了远门。小言听着陈婆婆慢慢讲过去的事，心里很不好受，他想起自己的奶奶，奶奶是不是年轻时也这么辛苦，所以现在才会变得那么虚弱呢？他心里暗暗想着以后要对奶奶好一点。

除了询问老人的身体情况，小言还有一个工作就是关怀陈婆婆，让陈婆婆变得开心一点。在此之前，小言已经和其他义工做好了准备，那就是自制一份礼物送给老人，这份礼物是根据老人的喜好准备的。陈婆婆对共产党有着深厚的感情，经常说"感谢党"，因此小言用黏土做了一幅国旗送给陈婆婆，陈婆婆十分感动，收到小言的祝福和礼物，陈婆婆似乎忘记了不开心的往事，脸上满是笑容。

对小言来说，探访老人的义工工作不仅可以给老人带去关怀和快乐，还可以让自己渐渐懂得尊老爱老，一句真诚的问候，一份简单的礼物，能让老人感受到尊重和关怀，对待身边人更应该如此。而孤单的陈婆婆，有了小义工的不定时探访，变得开朗起来，受到小言的活力感染，似乎也变得年轻了。

四 社工心声

在北京街这个老龄化日益严重的社区，社工深深地感受到，老幼互助必不可少。社区长者虽然年老，但是热爱学习，有耐心、坚韧、"活到老、学到老"的优秀品质，这些都值得年青一代学习，而他们面临的烦恼是如何跟上社会新步伐，不被社会淘汰。小学生们生活无忧，在家是"小皇帝""小公主"，得到家人细心的照顾，不太懂得关心、理解他人，但他们聪明机灵，能将知识反哺给长者，感受助人的快乐。老幼互助计划的开展，让更多社区居民特别是义工家长、学校老师更加关注社区老龄化问题，加入关注社区、关怀老人的队伍中来。"义彩童年"老幼互助计划就像一座小桥，桥虽然不大，但是坚固，让孩子和老人能放心地在这座桥上行走，我们相信这座桥会越走越宽，越走越牢。

第四节　舞蹈梦想，自我实现

——越秀梦之队

卢家雯

越秀梦之队，由 26 名退休妇女组成，成立于 2011 年 5 月。4 年来，每周三和周五下午都在中山四路榨粉街的地下室紧锣密鼓地排练舞蹈。"两点了，赶快签到，要开始基训了"，每周两次排练，成为越秀梦之队每个成员退休后的固定安排。

一　背景

从"完全接受服务"的兴趣组转变成"半提供服务半接受服务"的自组织，26 名退休妇女成立越秀梦之队，基本具备自我管理的意识和能力，坚持学习民族舞强身健体和自我管理，不以营利为目标，积极强身健体，不断提升团队艺术造诣及关注社区文化。越秀梦之队，4 年来硕果累累，共排练《幸福飘香》《儿行千里》等 30 支代表性成品舞蹈。同时，通过外出表演自筹服装制作经费，并发挥组员的团结协作精神，一起缝制舞衣，共制作超过 25 款各具特色的舞衣。

二　自组织成长过程

第一阶段，埋下自组织种子：舞蹈兴趣组增强组员的自我价值感和团队归属感。

从 2011 年 5 月起，通过"搭上搭"方法，寻找民族舞导师和志愿加入的舞蹈爱好者朋友，以教授和发展本土妇女的舞蹈能力为出发点，逐渐增加学习民族舞蹈的组员。另外，创造表演平台和机会，激励组员强化训练和发展组员间的友谊，增强组员对舞蹈兴趣组的归属感，提升自我价值。

第二阶段，自组织种子破土而出：社工适当"抽身"，培养组员的自我管理意识。

转变组员依赖社工的状况，社工主动提出"抽身"，鼓励组员主动招募组员，从而增强组员自我管理的意识。对组员来说，这能够促进组员与导师建立信任和依赖的关系。

第三阶段，自组织小苗历经风雨：危机事件介入，激发组员自我管理的决心。

"一笔服装经费该如何处理"成为越秀梦之队成立以来面临的一大难题。每次碰到这样的难题时，社工都鼓励组员各抒己见，积极思考。后来经过组员大会的民主表决，共同决定将舞蹈组转变成自组织，自主分配这笔经费。随后，成立7人管理小组，具体管理小组纪律和信息落实等工作，这无形中增强了组员的自我管理能力，共同关注组内各项事务。

第四阶段，自组织小苗不断发芽成长：确定自组织持续发展的方向和基本原则。

越秀梦之队试运行一年后，在季度和年度组员大会上做总结，一致决定自组织的持续发展方向。一边积极外出进行商业表演，自筹服装制作经费，另一边每年开展义务演出活动，回馈社区，务求越秀梦之队持续发展。

第五阶段，自组织小苗被注入免疫元素，有组员主动提出"能者为师，能者为先"原则，为自组织制度增添组员主动参与元素。

"能者为师，能者为先"，每个组员都要具备自己的能力，要积极参与、策划自组织的发展，并不仅仅停留在强调导师为主的阶段。例如，有些组员喜欢缝纫衣服，有些组员擅长"跑腿"，有些组员擅长挖掘表演机会等。自组织逐渐发展成为组员亲自负责组务，能够自我管理的组织。

三　做法

1. 鼓励组员成长，增强权能

增强权能理论认为受助人是有能力和价值的，受助人的权能

快乐社区营造

不是助人者给予的，社工通过一些共同活动帮助受助者消除环境的压制和受助者的无力感，使他们获得权能，并正常发挥他们的社会功能。越秀梦之队的组员刚开始完全接受导师教授，后来逐渐培养和发展自我管理意识及能力，在日积月累的自我管理中，学习分工合作和有效沟通，增强舞蹈表演的自信心，努力寻找服装制作经费。

2. 自组织工作清晰化和制度化

结合组员大会制度和 7 人管理组的管理方法，建立自组织教学、运营、组务、财务以及服装 5 个方面的制度，并运作完善。

自组织的决策和管理方式见图 8 – 1。

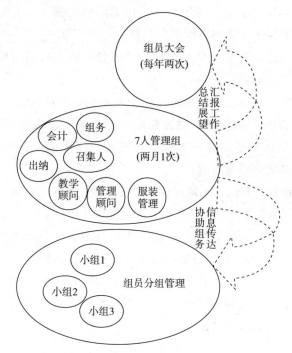

图 8 – 1　自组织的决策和管理方式

3. 鼓励组员积极管理和处理组员动力关系

越秀梦之队在刚转变成自组织时，调解小组分歧、矛盾需要

124

依靠社工介入。应寻找自组织的关键人物，把握主要矛盾，进行7人管理组的集体决策，进而向其他自组织成员推广解决矛盾的方法。在试运行自组织7人管理组的管理方法后，逐渐有组员积极参与自组织管理。自组织在信息传达和情感维系方面，更能体现自身优势。

四　成效

1. 义工导师和组员互助成长

义工导师反馈，"教学相长"。义工都有一定的舞蹈表演和学习经验，教授过程又促进了自身研究舞蹈技巧和学习更多的舞蹈编排知识，而组员能够在舞蹈表演中寻找自信。越秀梦之队除了义工导师外，其他组员都是零基础加入学习，长期排练和外出表演，增强了组员对舞蹈学习的自信心。

2. 义务性质的演出经历丰富

4年来，越秀梦之队固定在社区邻居节、青年志愿者驿站、"八一"红歌会、广州市老人协会、文化公园、友好老人院和寿星老人院以及广府庙会等公益性平台义演。

"坚持义演有两个目的，一是想用学习的舞蹈回馈老人，二是通过这些公众平台锻炼整个队伍的表演能力。"用越秀梦之队舞蹈导师的话来说，4年来，这一团队，无论在社区内的邻居节还是在其他社区的义务演出中都坚持初衷，除了自身学习舞蹈，还会分享其中的成果。

3. 组员的舞蹈学习能力和表演能力不断提升

现在看到舞蹈队的表演，很难联想到当时在地下室"三四个人只能拿着一面旗做配角"的情景。4年来，从最基本的舞台走步、摆手、笑容等训练开始，一步一个脚印，每一项表演荣誉、每一次义务演出以及每一次商业表演，都像印记，记录着团队的成长。每一位成员，相对于4年前，都有不同程度的成长，比如在舞蹈学习能力或者舞蹈表演自信心方面。所以，每逢团队获得集

体荣誉，每个成员都说："真的没想到我们舞蹈队可以获得这样的成就，很开心自己能在这个团队中。"

越秀梦之队曾经获得如下荣誉：2012 年 8 月，参加广州市老人协会举办的"八一"红歌会获得二等奖；2013 年 9 月，参加由中信银行举办的广场舞大赛荣获二等奖；2013 年 12 月，参加由广州市老人协会举办的老年人健身舞大赛，凭《火了火了夜》荣获金奖和铜奖；2014 年 3 月，参加由广州市义务工作者联合会举办的长者才艺大赛，获得"最佳舞蹈风采奖"；2015 年 5 月，参加由广州市老人协会举办的"恒昌杯"广场舞大赛，获得二等奖。

五　启示

1. 社工角色多样化

社工是鼓励者。对组员的肯定，来源于平时的细致观察，将每个组员在小组中曾经的付出都一一列出，一方面让组员肯定小组的发展前景、认同自我价值，另一方面让其他组员回顾每个组员的付出。

社工是陪同者、倾听者和管理顾问。与管理小组组员一起观察舞蹈自组织的发展和组员间的动力关系，鼓励组员陈述自我管理的困惑和建议，提供发泄的空间和机会。

社工是建议者。适时对财务明细、组务通知和公布渠道提出建议，为组员多提供选择和考虑空间。

2. 社工定期鼓励，建立真诚和信任的关系

社工与组员、组员与组员之间平等对话、互提建议，以此来鼓励组员逐渐打开心扉讲心里话。建立信任的关系，加以共同的话题，提炼总结为"我们的感情"。在"我们的感情"里有很棒的抗体，就是宽容、尊重、分享和追求快乐。社工定期给组员打强心针，"希望我们一直保持这些抗体，把'我们的感情'经营得更好"。

第五节　我们的音乐梦，由 Nothing 开始

古倩倩

2013 年的夏天，一群年轻人欢聚一堂，因为有共同的音乐梦想而碰撞出火花。我们也许也有过这样一个梦想：弹奏着乐曲，在舞台上演唱属于我们的歌曲。但又有多少人真正实现了呢？

与大家一样怀揣着音乐梦想的他们，一切从 Nothing 开始。没有鼓手，没有指导，没有练习场地，但是有一个演出机会。就是这样，他们从 Nothing 开始筹备着演出。他们相互鼓励，一起到中心借用乐房，录像给新晋鼓手看，努力练习，由选歌到团练，由籍籍无名到社区知名，这个过程充满着欢笑与泪水，满载着紧张与希望，就在那个夏天，他们实现了音乐的梦想，奏出了青春的旋律。

他们就是 Nothing Band（NT），由豪贤中学几位初三同学以及一位大学生组成的一个小乐团，在中心暑期大型活动"快乐社区·艺术一夏"中崭露头角。他们因音乐收获了真挚的友谊，凭理想赢得了认可和掌声。回想这一个夏天，这一个团队，他们想说……

一　贝斯手、队长——郭志恒

能建立这个乐队，我觉得很幸运，因为像我这样的新手跟正式乐队里的贝斯手还差十万八千里。建立之后有一堆麻烦事，就这样，一群小白（痴）玩起了乐队。上网到处做"伸手党"（原指因为不懂事而产生伸手现象的未成年人，后指依赖性极强的成年人）——求谱，哎，反正就是挺不容易地上了两次舞台，两次都脚抖手抖的，别提有多苦了。不过也是因为这个乐队，才有机会接触很多东西，得到了一些前辈的教导，能够观看现场演出之类的，也认识了很多朋友（就不一一举例了，你们自己知道就好

127

了）。最后感谢我的家人，感谢我的队友们。

二　鼓手——利文

大家好，我是 NT 的鼓手 Raymond！

表演前的一个星期，我们每天下午一点左右到乐房，一去就待到下午五六点，在里面聊天、练习、说笑。那段时间过得特别充实，感受到一种好特别的情谊，或者这个就是乐队的魅力。

很感谢中心提供一个这样的舞台让我们发挥。虽然我们这支乐队只是业余队伍，没什么大型的表演机会，也没有什么经验，但是在仅有的两次表演中，已经收获了无比珍贵的财富。这个财富可能要大家亲身经历过，才能感受到。我希望大家通过我们的经历，可以找到自己的那份热血和激情。放下鼠标和手机，拿起鼓棒，拾起吉他，你会发现另一片无法形容的美丽天空。

三　键盘手——韩欣

Nothing Band 真的是从 Nothing 开始。本来我只是假期独自练钢琴，本来大家都只是因为广卫旅行社而相识，却没想到大家所擅长的乐器，使我们组建了一支不成熟的乐队。一开始大家真的不成熟，曲目也拖延了一段时间才决定，练了很久都很难配合好，甚至还有人员变动，但还是很高兴最后大家能成功演出，还认识了更多的小伙伴。

尽管我是年龄最大的，但我从年轻的队友身上学到不少，这些东西也对我在大学的组织选择产生深远影响。尽管开学后我没有再参与，他们也面临升学考试，但我还是想说："今年夏天，我们再战吧！"

四　主唱——赖文敏

刚开始的时候没有抱太大的希望，那个时候还什么都没有，我们只是抱着一种玩的心态来组建乐队。没想到后来还有机会参加表演。演出前的训练过程有很多波折，也有很多快乐。我们收获了友谊、团结还有勇气。这是我们最难忘的一次体验。我想Nothing 总有一天会变成 Everything。

五　电吉他手——郭佩珺

Nothing 这支乐队，让我想学吉他这个小小的愿望得以实现，通过尝试，学会了不少东西，更是谢谢大家，让我初中三年有个美好的回忆。

第九章
居民的社区参与

第一节　艺术在社区计划在
青少年领域的探索

张培顿

北京街广卫片区位于越秀区中部偏东的旧城区，是一片有浓郁广府文化的老城区，在社区文化方面有些创新性的传承，同时也想培养青少年关注社区的意识。青少年充满活力与能量，对未知世界有着强烈的好奇心和探索欲，他们处于认识自我的过程中，需要通过不断地尝试新的东西来增加对自我的认识和了解。歌德说，除了艺术以外，没有更妥善的逃世之方，而要与世界联系，也没有一种方法比艺术更好。提高青少年的艺术能力，发挥其创造力，培养其个人兴趣，同时增强其自信心、成就感，鼓励、引导青少年把习得的艺术技能经过自己的思考与社区结合，关注自己每天生活在其中的社区，改善、美化社区环境。基于以上考虑和设想，艺术在社区计划便应运而生了。

艺术在社区计划把艺术带入社区，选取青少年为先导，带领青少年体验多种艺术形式，改善、美化社区环境。通过青少年的参与，促进青少年融入社区。同时，以青少年的活力和创意感染社区内其他年龄段的居民，带动其他年龄段的居民一起加入艺术体验的行列中，让社区居民在体验艺术的同时建立关系，引发社区居民对社区环境的关注，运用艺术方式美化及改造社区环境，增强居民对社区的归属感。搭建社区互动平台，引发居民对社区议题进行讨论，鼓励居民参与社区事务，建设自己的社区。

一　撒网捞鱼——开展一系列活动

从 2013 年 12 月推出"涂出新天地"涂鸦工作坊开始，分别以工作坊活动、小组活动的形式带领青少年体验布面涂鸦、创意人型画、旧衣改造、瓶盖 DIY 拼图、纸上艺术品展览及创作，社工与青少年一起体验不同的艺术创作形式。与具备艺术特长的义工合作，激发青少年的创造力，也发掘青少年对艺术创作的好奇心和探索心，培养青少年的动手能力，作品出来后通过大型活动或是在中心开放空间展示。

通过这一系列活动，激发青少年的创造力，增强其自信心、表达能力和成就感。截至 2014 年底已积累了一部分对艺术感兴趣、愿意支持并继续参与艺术在社区计划的青少年。

二　重点培养——开展有针对性的小组活动

在积累了一定的青年群众基础后，自 2014 年 11 月起，名为"潮爆墙头"的计划启动了。以社区墙面为载体，通过街头调查、问卷分析、初稿设计、义工指导，修改再修改，完整的墙面改造方案终于出炉了，历时 5 个月的改造，墙面美化工作终于完成。当然，在这过程中有组员觉得前期准备工作"无聊""浪费时间"，或是过于注重完成任务而忽略小组成员的需求等，由此可知：①应提供更多不同的艺术形式让青年人体验，让他们看到"可能性"，以此激发其创造力，提升能力；②自始至终专注于小组目标不动摇，陪伴组员的成长比完成事工目标更重要；③在设计方案之前，建立组员与改造点的关系，从社区里来，到社区里去。

"墙面上先多了一只孤单的纸鹤，没想到一夜之间已经变成了一个游乐园，更没想到的是原来这是一个这么有意义的项目。我很喜欢你们的作品。我有什么能帮忙的地方吗？"——来自一位居民的信息摘抄。

"好好看的墙面，辛苦了！"——来自一位青少年的赞美。

"之前路过这两面被刷成深色的墙的时候，觉得好压抑，好像路过监狱一样，现在被画得五彩缤纷，感觉好多了。"——来自一位路过母亲的评论。

"什么时候还有的玩啊？我可以一起吗？"——来自一位儿童的询问。

……

以上是本次改造完成后搜集到的部分居民的反馈，经过分析可以了解到居民是关注社区环境的，对这次改造是持支持态度的，并一直在关注本期的墙面改造美化工作，对青少年完成的改造工作，居民是认同、肯定的，而且也有参与的意愿，想要参与到体验艺术、改善社区环境的行列中来。

反馈体现了居民对艺术进社区的态度是支持的，同时其他群体的居民也想参与其中，说明艺术在社区计划是可以顺利实施下去的。本计划未来还会继续在青少年中推广，在社区其他年龄段的居民中开展，共同建设社区艺术展示长廊，为居民提供参与、体验、互动、交流的平台，关注社区环境美化，提高社区归属感，使大家更好地参与到社区事务的讨论和建设中来。现在，计划只进行了一小部分，但已经有支持我们的居民了，和居民并肩，未来的路可能会有风雨，但前行的路上不孤单。

第二节　妙趣社区模型制作

钟珊珊

广州是一座有 2000 多年悠久历史的文化名城，分布在北京街

132

广卫片区的历史建筑更是不在话下，像越华路、豪贤路一带的骑楼建筑群，华宁里的清代太和书院，越华路的将军楼、陈济棠警备司令部旧址以及"三二九"起义指挥部等，都承载着悠久的历史。同时，越华路、吉祥路一带还是历代政府机构的办公地。但是，随着历史的变迁和城市的发展，这些建筑物逐渐消失在人们的视线里，住在附近的街坊甚至不知道这些历史文物的存在，成年人如此，更何况小孩子。

2014 年，是启创·北京街家庭综合服务中心在广卫片区服务的第四个年头，我们倡导社区居民保护社区内的历史建筑，希望提高他们对社区事务的参与度，并增强社区居民对社区的归属感。一群小朋友组成一支发掘社区资源、制作社区地图模型的"小分队"——广卫地图模型小组。有人会问："为什么要制作广卫的地图模型呢？网上随便一搜就能找到平面的、立体的地图，那些地图比小朋友做出来的专业多了！"但我们要的不是专业的社区地图，而是要让社区居民深入了解自己居住的社区，通过制作地图的过程重新认识社区，增强对社区的归属感。

前期，这群小朋友风风火火地当起了社区"小侦探"。他们带着强烈的好奇心，走访了社区内的每条街道，用照相机拍下了他们眼中的各种建筑物。虽然大家对自己居住的街道很熟悉，但一路走下来，组员们都发出惊叹："原来这里是革命起义的旧址！原来这里就是政府的办公楼！原来这里就是清代的书院！……"从曾经对街道的熟悉到对建筑的陌生再到对建筑历史的熟悉，这是一个神奇的过程，无形中会让小朋友对这个社区多一份归属感，因为他们走在路上看到建筑的同时还了解了它的历史。

走访社区拍摄下的社区资源，如学校、医院、政府机构、历史建筑等，也为我们制作社区模型奠定了基础。我们先是尝试用黏土来制作建筑物，小朋友见到黏土都非常开心，制作建筑物的时候也很用心。但由于需要制作大量的建筑，而且黏土干了之后不容易黏在底板上，最终这些黏土建筑物只能备用。后来，我们

又用小纸盒来制作社区里面的建筑物，但也没有成功。最后我们想到用玩具模型来代替，这些玩具模型有一个好处就是可以直接粘在底板上，只需把社区建筑的位置确定下来，就可以在相应的位置上粘上建筑模型，因此制作的过程简化了不少。大家在完成的那一刻都非常开心，对其爱不释手。前期的准备、走访社区的经历、制作模型的过程都是小朋友成长过程中一个很好的体验。

制作社区模型深化了小朋友对社区的认识，他们从不了解社区到熟悉社区的街道、建筑，再到认识社区中有价值的历史文物，这对他们来说是非常不一样的体验。或者在别的小朋友看来，这些组员跟着社工在街上到处走，拿着相机拍摄不同的街景，只是去玩玩而已，没什么大不了的。但对于我们的组员来说，他们对自己居住的社区更加熟悉了，可以指着街上的建筑说出它们的来历了，这可以使他们产生别人所没有的自豪感，从侧面也可以反映出他们对社区更加有归属感了。同时，小组员反馈，回到家后他们会跟爸爸妈妈分享自己的经历，把自己了解到的历史知识讲给父母听，也把社区内一些有趣的见闻跟父母分享。

第三节　青少年在社区参与中成长

古倩倩

"社区参与"一词听起来与青少年没有太多关联，对于青少年来说也很难做到。然而青少年参与社区事务在启创·北京街家庭综合服务中心社工的组织下发生了。

一　发现与观察

以北京街广卫片区为例，现在大多数青少年白天在学校度过，晚上回家做功课，周末在补习机构补习和做功课，偶尔去社区外的其他地方唱歌、逛街等。青少年与社区的联系就仅限于日常出发和归返途中，青少年欠缺参与社区事务的机会。同时，社区中也缺少吸引青少年参与的活动。家综中心前期收集了一些资料，反映了青少年社区参与的现状和困境。

1. 社区义工活动是最后的选择吗

2012 年，我们曾在家综服务的北京街广卫片区中一所中学派发青少年状况调查问卷，回收有效问卷 204 份。问卷中有一道题是"你与朋友经常会一起从事的活动是？"具体选择情况见表 9 – 1。

表 9 – 1　与朋友一起从事的活动

选项	人数	百分比（%）
学习	76	20.2
逛街	95	25.3
看电影	111	29.5
上网打电子游戏	36	9.6
参与社区义工活动	10	2.7
其他	48	12.8

在受访学生中，与朋友一起从事的活动以娱乐为主，包括逛街、看电影、上网打电子游戏。而选择参与社区义工活动的只有 2.7% 的学生，与其他项目相去甚远。可知，在众多娱乐活动中，社区义工活动成了学生的最后之选。

2. 社区归属感弱

广卫片区是旧城区，以回迁户为主，青少年活动的场地和相关设施配置不齐全，故社区内青少年有"往外跑"的倾向，更喜欢到广卫片区以外的地方寻找活动场所，对于所住的辖区缺乏归属感，社区事务参与感弱。

作为家综负责青少年服务工作的社工，我们看到了青少年和社区的需求。在青少年以自我成长为主的时期，如何让他与社区建立关系，达到社区参与的目的？如何在社区参与中，让青少年得到个人成长，发挥个人潜能？

二　投入与发展

青少年服务队在社区第一年（2011年）的服务主要以基础社区服务为主，开展发展性服务，与青少年建立关系，也让青少年开始接触社工，同时家综建设了一个青年空间，给予年轻人一个落脚的空间，让他们对家综更有归属感。

慢慢地，社工开始尝试带社区青少年与其他群体进行更多的交流，给他们提供外出体验、学习的机会，开阔他们的视野，给他们一些鼓励和肯定，使他们的能力得到发挥。社工开展了"快乐teen同行"长者福利院探访服务等一系列计划。

青少年开始在学习之余有一些社区参与。那么他们是带着怎样的需求和期望参加的呢？部分青少年是带着"玩"的心态，也有的是有明确目的的，如提高自己的沟通能力，帮助有需要的人，提升英语口语表达能力。只有明确知道他们带着什么样的需要和期望，才能设计出更适合他们的社区参与服务。

在初次的社区参与尝试后，青少年服务队在第三年和第四年的服务中，更侧重于与青少年共同关注社区问题，回归社区需要。广卫片区属于老城区，存在较多问题，包括人口老龄化严重、孤寡长者多、社区设施破旧老化、公房楼宇存在安全隐患等。因此，社工带动社区青少年一起参与公房改造计划、美味传情义工探访活动、万事屋圆梦计划、艺术在社区环境改善计划。

在此期间，青少年亲自到公房感受长者出行的不便，入户为长者做家居安全评估，并整理数据，与社工共同撰写公房安全报告，通过改编歌曲向广大街坊发出关注长者安全出行的倡议。

也有青少年通过自制的美食为独居长者送上暖暖的关怀；以用心制作的手工皂义卖获得的费用，为低保家庭、孤寡长者购买生活必需品；经过一笔一笔的"涂鸦"，对破旧的墙面进行改造，为社区增添青春活力。

青少年在计划实施过程中遇到不同的困难，包括缺乏与长者相处的技巧、义卖被拒绝后不知如何应对、需要协调学习和参与活动时间等，我们需要给青少年很多的鼓励、指引和陪伴，让他们更有信心参与社区计划，克服困难，解决问题。

原来只要我们通过一些社区服务给青少年提供一些正面的力量，他们就会在社区服务中贡献自己的力量，收获成就感，得到成长。

青少年的力量感染着这个社区，给予这个社区满满的希望，拉近了社区中人群的关系。

三　感受与分享

当然，青少年在这一点一滴的社区参与中，有表达不完的感受和收获。

A君：从糟糕的楼道到装上铁扶手，从做义工到亲自策划义卖，从什么都不会到卖出成品，虽然参与的只是这个活动的其中一部分，但获得的东西不是三言两语就能够说完的。世界上很多事情就是这样，不去做永远不知道结果，认为不可能的事永远成为不可能，不尝试就连机会也会失去，无论最后成功还是失败，我宁信天道酬勤，也不愿畏缩不前。

B君：我真心觉得这个假期参加志愿活动值了，尽管学校组织的面试还没有结果，但真心觉得这些经历给予我足够的底气。广卫旅行社和物物交换调查制作锻炼了我的组织能力，从中得到的经验相当有价值。然后就是乐队的组建，让我了解到不少专业知识和技巧，增强了我的自信心。

C君：我觉得自己变了很多，以前比较怕生，不敢与陌生人说话，现在可以去街展宣传，与很多不同的人说话，自己也觉得很神奇！

Đ君：做了一件帮助别人的事，觉得自己对社会有用。

E君：在这个交流营里我了解到香港的学制，香港学生的学习、生活跟内地学生有很大不同，如果没有跟他们交流，我无法

得知这些真实的信息。香港人对生活质量的追求，对生活的享受，我很想学习，学习做一个享受生活的人。

第四节　以电话线搭成的互助关爱网络
——"电话大使"长者电话探访义工计划

冼健斯

20%！

越秀区北京街的老龄人口将超过北京街总人口的20%！

越秀区北京街最新的老龄人口数字已达17000人，老龄人口将超过北京街总人口的20%，即我们身边每5个人中就有一个老年人。

广州市政府鼓励90%的长者由家庭养老，而这90%的长者（特别是如此庞大数量的空巢长者）如何更好地在家里接受社区的关怀，成了社区的热点议题。

结合对社区长者的需求评估，一方面，我们发现空巢长者在精神层面需要支援，另一方面，我们发现相对年轻的长者本身有学习的能力、愿意付出、能关心别人和分享个人经验。根据优势视角理论，人可以改变，每个人都有尊严和价值，应该得到尊重，无论是年长的无能感强烈的长者，还是退休不久相对年轻的长者，每个人都有自己的优势、兴趣、能力、才华。因此我们萌生了一个很有意思的计划——电话探访。创建平台鼓励社区中的年轻长者关怀年长长者，搭建社区互助关爱网络，更好地利用社区非正式资源，参与到长者的社区照顾网络中，培养邻里情谊。

一　从0开始

我们把这群可爱的乐于助人的年轻长者电访义工称为"电话大使"。

我们对"电话大使"进行系统培训，同时也为"电话大使"以及社区中的空巢长者进行了配对，使年长的空巢长者能在家里定期接受来自"电话大使"的关心、慰问，培养空巢长者与"电话大使"的邻里情谊。

　　电访关怀是一件看似简单但又很需要技巧的工作，简单是指我们只需要多一点耐心和关心，需要技巧是指我们要思考如何站在长者的角度思考问题，以及如何把这份心意持续下去。因此，每位长者义工都是从 0 开始，在成为"电话大使"之前需要接受系统的培训，内容包括对电访义工角色的认识、工作原则、同理心的运用、团队合作、时间管理、提问及回应技巧等。

　　年轻长者可以通过"电话大使"的计划体验学习（电访技巧、组织技巧）和付出（关心社区内的高龄空巢长者，以及培育更多的义工）的感觉，协助年长长者在社区关怀下积极地面对老化和疾病，而年长长者个人的经验也会影响"电话大使"，协助"电话大使"提早安排老年生活和准备面对老化带来的影响。

二　8 人"电话大使"

　　在 2015 年的 3~4 月，"电话大使"在接受了培训以及强化训练后，于 4~5 月与超过 100 位长者及其照顾者进行了首次接触。这一条电话线打破了地域的限制，拉近了街坊邻里的关系，为空巢长者建立了新的社区关系。在首次接触中，有 56% 的受访长者对"电话大使"表示欢迎，其中有 14.3% 的受访长者更是热情邀请"电话大使"上门探访。

　　在目前的接触中，"电话大使"收集到空巢长者需要跟进的主要为政策咨询（"平安钟"以及居家养老服务）、生活照顾方面（协助购物以及家居清洁）。电话大使会记录收集到的长者需求并转交社工进行跟进。

　　经过第一个月的电访后，"电话大使"分享了他们的感受。

　　义工 Y：非常感谢这个平台，让自己可以用这样的形式去帮人，当电话那头的长者表示很欢迎自己电访时，感受到了那一份信任，非常感动。与自己妈妈的沟通也有了转变，对妈妈多了一

份理解。

义工 H：电话那头的长者愿意向自己倾诉，觉得好开心（可以关心有需要的长者）。

义工 HY：在电访时了解到长者的需要，会去思考在电访之外如何帮助他。

义工 X：自己的电访技巧有所提升，自信了很多。

义工 Z：每次打电话都总结经验，经过改进，慢慢增强了信心。

除此之外，在电访过程中也发生了一些意料之外的趣事。有 3 位长者与各自配对的"电话大使"通过不同的方式在线下接触了。

在"电话大使"L 放下电话后不到 10 分钟，受访的长者便来到家综，就是为了与"电话大使"见一面。二人一见如故，长者亲切地拉起"电话大使"的手，感谢"电话大使"对自己的关心，二人见面后，如在电话中一般开始闲话家常，聊聊长者的身体情况，聊聊二人的相似经历……

"电话大使"Y 与受访长者曾经在家综的活动上有一面之缘，在电访中再次结缘，长者偶尔在街上见到"电话大使"会开心地拉着她，聊聊近况，感谢她的关心……

"电话大使"H 在偶然机会中听见了似曾相识的声音，便上前询问是不是受访长者，并介绍了自己的身份，受访长者听见后，马上反应过来对方是"电话大使"，二人开心地相认，大叹有缘……

三　"电话大使"的前身回顾

"电话大使"的雏形可以追溯到 2012 年，中心在日常服务中，发现部分热心街坊长者有意愿提供电话探访协助。截至 2014 年底，已超过 30 人次的长者协助中心电访。社工从电访中发现，经过电访培训的具体化、对电访主题内容的细分，电访服务的深度有所提升，从简单的家综服务宣传，开始转向更多地对受访对象表达问候和关心，也尝试了对社区中的孤寡和低保长者进行节日慰问，电话探访使长期在家的空巢长者感到温暖。

四　电话大使正在扩大影响中

在本计划中，"电话大使"充当了一个关怀社区邻里的角色。结合社区空巢长者的需要以及"电话大使"对项目的期望，在第二期"电话大使"的项目中，将会对"电话大使"进行领袖力培训，带领新的"电话大使"，让更多的长者受惠。2015 年 9 月份，"电话大使"计划将会进行第二期，预计再新增 8 名"电话大使"，惠及空巢长者人数将达 200 人。

在参与"电话大使"计划的过程中，我们的"电话大使"有过得到受访者认同的开心，也经历过被受访者拒绝的失落，在这个过程中"电话大使"不断调整心态，提高回应的技巧。社工在这个过程中更多的是陪伴、聆听、鼓励以及建议，"电话大使"们在慢慢地学习和成长。

在电访的实践中不断地发现问题，收集改进建议，完善记录表格和排班制度等。在第二期计划中，我们会邀请第一期的"电话大使"分享个人经验和带领第二期新加入的"电话大使"。此外，还会有新的尝试，向社区寻找可用资源（电话器材、话费资助等），支援"电话大使"计划继续实施。

"电话大使"计划这个平台，目前只提供了一根电话线，但串起了一颗一颗的心，使一颗一颗的心慢慢拉近，为他们减轻了孤独感。通过这个计划，那些处于孤独中的老人了解到，这个世上还有另一颗与自己站在一起的心，有关心自己的人。

我们希望有更多的街坊参与到"电话大使"义工服务中来，也希望通过以上的小例子，让每个人都能对长者多一点理解，对自己的父母或身边的长者多一点耐性，多一些关心，这样，也能使长者增加一点快乐，更容易成为一位快乐长者。

小分享：想知道"电话大使"在电话访问中的提问技巧吗？

经过专业的培训，要成为一名"电话大使"其实一点都不难！下面将向大家介绍一下"电话大使"的电访提问技巧。

"电话大使"在电访中会自我介绍，并了解空巢长者的生理、心理需求的社交状况。

自我介绍：我是启创·北京街家庭综合服务中心的"电话大使"××。

了解身体及精神状况：近来好吗/身体如何/吃饭了吗/午睡了吗？

了解生理需要：天气转冷了，你的衣服、棉被足够吗？

了解长者的生活活跃程度：有没有去公园/喝茶/见见老朋友？

了解社交及支援情况：儿女/邻居/朋友有没有来看你？一起做了什么？

或邀请参加活动：中心下个月会举办长者生日会（或其他活动），你有没有时间/兴趣参加？

道别：多谢你和我谈了这么久，××时候再给你打电话好吗？谢谢！

第五节　亲善大使，不仅是社区中的
文化传播大使

李　翠

"之前对自己居住的社区不是很了解，可以说是'蒙查查'。自从成为亲善大使后，逐渐发现自己居住的社区有很多文化景点。我们接待前来参观的人，让更多的人了解社区的故事，同时也让更多的人看到我们这个社区拥有的广府文化和浓厚的街坊情谊。"启创·北京街家综一名亲善大使说。

2011年3月至9月，启创·北京街家庭综合服务中心的社工通过在居委会值班、上门探访、街巷外展、开展各类活动等方式逐渐了解到每个社区的文化特点，也得知了社区热心居民可协助接待介绍。2011年9月，家综收到香港一所大学的申请，他们期望能参观广州基层社区。家综邀请这帮老街坊们一起商量怎样接待这批香港大学生游览参观事宜。作为居住在这个社区的老街坊们，大家非常欢迎远方客人的到来。于是，就成立了由一名社工和9名长者街坊一同组成的亲善大使导游小组。

社工与这9位街坊一同商量如何让香港大学生能在半天的游览中体验广府文化。大家聚在一起，分别说自己了解的广府文化故事，社工进行记录。小组成员在小组讨论时发现，只是一味地介绍很无趣。社区有很多具有广府文化的景点，何不带上参观者一同去参观呢？针对这一建议，小组进行了一系列讨论，最终小组决定要像带旅游团一样，带着大学生走社区！小组的思路越来越清晰，组员们各司其职，准备广府文化故事、规划行走路线等。

很快，在10月迎来了香港大学的参观者。亲善大使分成3组，带领参观者一同游览社区的广府文化景点并顺利完成了接待任务。活动结束后，组员们聚在一起分享在接待时发生的事情，组员发现带着参观者在社区中行走，很多认识自己的街坊会问自己是在干什么，组员们顺便向街坊介绍导游计划。很多街坊听后热情地把自己知道的广府故事说给参访者听。这样大大增加了参观者与街坊的接触，加深了与社区居民的情感，让参观者感受到更多的广府人情。

第一次接待使亲善大使对广府文化更加感兴趣，小组活动结束后，组员们并没有解散，而是在日常生活中向身边的街坊了解更多的广府文化故事。这9位亲善大使无意间的宣传，就像滚雪球一样推开，吸引了更多的街坊加入其中。

小组成立至今，已经接待过来自中国香港地区、新加坡、加拿大和广州其他地区的来访者。在每一次的接待中，亲善大使都很骄傲地介绍着自己居住的社区，在带着参访者行走社区的同时，亲善大使们也逐渐对自己所在的社区有了更深一层的了解。组员们除了参与亲善大使的接待外，还陆续参与了其他社区活动的策

划，发挥所长。

　　现在，亲善大使还在继续，组员们通过口口相传广府文化，让更多的参观者及本区街坊认识到了社区的样貌，对社区有所了解。亲善大使不仅是社区中的文化传播大使，也是社区中的一根线，帮助、牵动着社区中的街坊，让街坊们逐渐有意识地去关注自己所在社区的历史以及如今的面貌。

第十章
社区发展

第一节　"爱在跌倒前"长者
安全环境改善计划

冯杏莹　冼健斯

对社区内安全隐患的担忧、鼓励居民一起参与的勇气和坚持、街坊义卖筹款小有收获时的喜悦、青年人立志为长者居家安全发声所带来的感动……百感交集且印象深刻，我想我很难用一个词语或者一句话去总结"爱在跌倒前"长者安全环境改善计划。下面让我们从头说起。

一　公房小记

我是北京街家庭综合服务中心的一名社工，住在地铁三号线沿线，每天从体育西站转线进入一号线后，发现车厢内的长者熙熙攘攘。"越秀区真是一个老龄化程度很高的区"，这个念头每天都会出现。

从农讲所站出来，中山路商圈高楼林立，大部分房子都有20年以上的房龄。

为什么会选择公房呢？2014年初家访时，走路有点蹒跚的李姨站在门口扶着门框高声招呼我到屋里坐。聊得高兴时她还蹲着

缓慢的脚步从窄小的房间里拿出自己年轻时的相片给我看，每一张相片，每一张笑脸，如同这间光线有点阴暗、墙面有些发黄的老房子一样，这个十几平方米的空间，已经陪伴了李姨大半辈子，见证了她生命中很多重要的事，乌黑的头发变成银丝，光洁的脸庞被刻上皱纹。家访结束时，李姨走到楼梯旁目送我下楼，边告别边叮嘱我注意狭窄楼道中的杂物。这便是其中一名住在公房中的长者。

细细想起社区工作的点点滴滴，记得每次家访一定要带的是手电筒。我们社区是一个老城区，家访时总会遇到某些楼宇是没有楼梯灯的，某些楼宇的楼梯是很窄的，某些楼宇的楼梯或扶手是破损的，特别是公房，总会有这样那样的安全隐患。出于安全原因的考虑，一支手电筒成为我家访时必不可少的装备。而每当我拿着手电筒走在这样的楼道时，我总在想，如果我每天住在这个楼里，会以怎样的心态去面对这样恶劣的环境呢。

社会上长者跌倒的新闻频发，这些事故往往发生在安全隐患大、基础设施不完备的公房之中，事故的结果往往都是触目惊心的。我们社区是一个 60 岁以上长者人口占整个社区总人口将近20％的老龄化程度高的社区，而我们所选择的公房有一半是长者居住的。这些公房大多是 20 世纪 30 年代至 60 年代兴建的，几平方米的卫生间通常集洗脸间、厕所、浴室于一体。不少长者就在这狭小、昏暗的空间内走过了大半辈子，而这样的小空间是长者跌倒的常发地点。

很多长者会出现视力下降、身患疾病的状况，这些因素难免提高意外跌倒的概率，无论在室内和室外均是如此。所以社工认为，长者要获得全面的安全环境，不能只限于居家环境安全，更应涉及所住楼宇走道的环境安全，尤其是长者入住率较高的公房楼宇的走道要安全。

因此"爱在跌倒前"长者安全环境改善计划诞生了。

二 我们的选择

长者安全环境问题是我们社区的公共问题,我们期望和社区居民、社区内职能部门和社区企业等个人或单位协同解决这个问题。我们相信社区内无论是个人还是单位都有责任参与解决这个问题。因为社区离不开居民,一个社区要实现发展,居民的参与是基础。我们需要共同商议,带领居民推动社区的发展,这件事必须是"自力更生""众志成城",方能"丰衣足食"。在这个计划中,我们是教育者、使能者和资源链接者。

因此,我们鼓励、推动居民加入此计划,也尝试了不同的方法,撬动社会上不同的资源共同参与。以下将介绍我们调动青年力量、发动长者互助、携手社会各界共同改善长者安全环境的社区动员过程。

三 调动青年力量

记得青少年参与计划之初,他们只是怀着一腔做义工的热情,其实不知社区概念,更没有想过社区安全环境会是一个问题。对长者有影响吗?空有一腔热情而对事物没有足够的认识便去做事情是危险的,所以,我和他们做的第一件事就是一起去认识、了解社区的安全环境是怎样的。经过培训后,这群青少年具备了基本的安全环境知识,然后他们走访社区进行观察,进入长者家中进行居家安全评估。亲身体验,一步一步小心地踏上那颤颤巍巍的木楼梯,亲口询问住在这里的街坊,真切地体会居民的感受。

然后,他们也被自己的发现震撼了。原来社区里有条件这么恶劣的房子,原来住在这里的居民对此那么无奈,原来社区里的长者已经开始关注居家安全,但仍有一些应防滑防跌的地方没有被注意到,存在跌倒风险。青少年从空有一腔热情,到具备环境安全评估知识和与人沟通的技巧,从害怕、担心陌生的居民,到

体会居民的感受，从只想过来做义工，到对这个社区问题有一定认识，对解决这个社区问题有想法、有期待。

参与计划的其中一队青少年负责为公房楼宇加装扶手筹募经费。我带着他们走访社区，观察社区内的环境，走走公房的木制楼梯；我鼓励他们去思考和讨论为什么要加装扶手；我提供一些筹款例子作为示范，引导他们去思考用什么样的方式进行筹款。我不能帮他们做决定，因为只有他们最清楚自己期望在整个计划中参与多少。我只能协助、引导他们通过思考之后做出决定，而每一个决定都代表他们的选择和责任。经过讨论后，我们共同决定通过义卖手工艺品的方式筹募为公房楼宇加装扶手的经费。

L君说：以前我觉得公房改造与我无关，参与活动前我也问过自己到底这件事会不会成功，是不是要去做。现在我通过这个活动对公房、对社区安全环境都有了更多的认识。

在计划中令我印象深刻的是走访社区和义卖筹款。当我看到社区内的公房时，我觉得这样的环境很恶劣，我想在这样的环境下生活是很艰难的。我们选择了用义卖的方式进行筹款，在整个过程中，无论是前期与其他组员一起制作手工艺品，还是现在看到义卖得到的钱已经用于几栋公房扶手的加装，都令我感到很开心，很受鼓舞。

参与这个计划，对自己来说是很小的事情，但结果是可以帮助整栋楼的居民。在这个过程中和组员、社工的合作很愉快。加装扶手成功使我很有信心再继续参与下去。

几个青少年带着锻炼自己、为关怀长者做力所能及的事情的期待来到小组。从我带领他们观察、体验公房环境，引导他们思考、决定筹款方式，到他们主动向我提出需要怎样的协助，再到他们主动向身边的朋友介绍我们的计划，让小伙伴一起帮忙制作更多的手工艺品进行义卖。这是一个从被动转变为主动的过程，这个过程是令人鼓舞的，因为这代表着收获和成长。筹款所得用于加装扶手，付出终于有了收获，当中的喜悦不言而喻。而更重要的是，这样的体验，这样的经历，让我们的青年人知道了社区事务并不是与自己无关的，要在参与社区事务中勇于尝试。我期待他们能够带着这些收获，继续成长，继续进行社区参与。

除了公房楼宇改善，长者的居家安全环境改善也是本计划一个重要的部分。

因此，参与计划的另一队青少年选择以研习方式了解社区内长者的居家安全情况。我依然坚信通过青少年自己努力而获得的东西，无论是知识、感受还是其他，一定是最深刻的。

所以，同样地，我和他们一起做的第一件事是了解长者居家安全的基本知识。除了培训之外，我还要求青少年自己上网查找资料，了解长者居家安全的情况。当他们对此有了一定的了解之后，我和青少年一起制定研习方案，通过家访、街访等形式了解社区内长者的居家安全情况。

这群青少年，从不知道什么是长者居家安全，到有把握地说出社区内长者居家安全的情况；从七嘴八舌地访问长者，到有序地与长者沟通；从只是来做志愿者探访长者，到想为长者发声，倡导居民共同关注长者居家安全。

现在，他们正在尝试以改编歌曲和拍摄微电影等新媒体方式在社区中发出倡议，让更多居民共同关注长者的居家安全。

四 发动长者互助

为了引起社区居民对长者居家安全的关注，发起"益行2公里"社区徒步活动。社区中的大部分长者很热衷于参与此次徒步活动，亲身体验了公房的环境，感受到这种生活的种种困难与不便，关注公房居民的感受。

除了健老，社区中的弱老在环境改善计划中有什么参与行动呢？

在计划的另一部分——居家安全改善计划中，表面上看，这群弱老主要是受惠人群，得到直接服务，享受改善了的居家环境

并可以享用安全设备，但弱老不仅仅是受惠对象。这群长者在了解到我们的居家安全计划后，都提高了参与的意识，愿意接受我们的评估调查以及数据记录。在关注自己的居家安全的同时以自己的真实情况，（统计数据形成调研报告）使更多的人了解长者常见的居家安全隐患以及可改善的区域以及设备，引起其他居民对长者居家安全的关注。

五　携手社区各界

我们相信参与的力量，除了社区居民的参与，我们还希望能引起不同领域的人从安全的角度关怀长者，所以我们选择了不同领域的合作伙伴，动员了不同领域的力量，共同参与本次的长者安全环境改善计划。

在室内改善项目中，我们申请了越秀区长者综合服务中心的改善项目，为空巢长者获得免费的居家安全环境改善资源。

在公房楼宇项目的前期调查中我们发现，公房物权不在居民手里，因此居民对加装扶手以及整改公房楼宇并没有决定权。于是我们向房管局了解情况，发现尽管楼宇原本的扶手不便于居民（特别是长者）的握扶，可是加装公房楼梯扶手并不在房管所的修葺范围内。

由于涉及房管所，需要向房管所申报。家综联合三栋公房所在社区的居委会，共同向房管所发出加装征求意见书，向房管所申请加装扶手。

我们也尝试联合不同的团体以及企业为本次安全环境改善计划提供资源。这一次尝试可以感受到来自居委会、房管所、NGO、社区企业的认可。

虽然扶手加装并不在房管所的职责范围内，但在申报以及现场评估的过程中，房管所的负责工程师都会提供加装建议以及表示可提供对已加装扶手的维护。

除此之外，我们还联系了广州市老工程师协会的会长及协会相关的工程师，他们为加装扶手提供了专业的建议。

此外，我们还联系了广东狮子会，通过广州最大的公益筹款平台"益动广州"徒步活动、越秀区公益创投比赛等形式将本项目推向社会，以吸引更多的资源共同参与安全环境改善计划，引起社会人士对长者安全环境的关注。另外，我们接受了中国平安广州分公司国际业务部的资助，还获得了社区五金店的技术和部分材料的支持。当然还有居民对我们表示认可，为加装扶手提供电源等。

在本项目的实施过程中，我们联动了公益平台、政府部门、慈善组织、企业、居民一起为长者的安全环境出钱出力。

六　计划回顾

回顾整个计划的发展过程，为改善长者的环境安全状况，社工于2014年4月开始组织了两支青少年调查队伍，完成了对50栋公房的楼宇安全评估，以及通过家访为超过280名居民进行楼宇安全评估，并为超过50名长者进行居家安全评估。结合长者的生理状况和行动力退化的情况，家综选择了为社区公房楼宇加装扶手，改善公房楼宇的安全环境。

在这次尝试中，探索了居民和资源参与的形式。在整个安全环境改善计划中，青年提升了个人素质，增加了对长者的关注。长者获得了更加安全的居家环境，以自己为例子激发了年轻人对长者安全问题的关注。接受扶手加装的三栋公房的受惠居民大赞项目的体贴以及人性化，项目结束数月，至今仍能收到街坊的正面反馈。

同时，我们看到了居民发声的契机，看到他们有参与的力量。我们期望在接下来的安全环境改善计划中，受惠的居民能为自己的需求发声，与相关的部门、团体对话。在未来一年，我们会继续关注其余50栋公房以及522名空巢长者的环境安全需要。引起社会对长者安全环境的关注，创造居民与相关职能部门、团体对

话的机会。此外我们还需要各界的支持和协助，共同提升对安全环境的意识。

在加装扶手的当天，李姨早早在家等候，主动为安装的师傅打开了楼梯灯并借出了家中的电源……几乎全层楼的长者都走出来感谢我们为大家做的努力。扶手安装好后，李姨慢慢地打了一小桶水仔细地把不锈钢扶手上的灰层擦掉。她还试着抓着扶手，开始时小心翼翼地走，随后稍稍放松地稳稳地上下了一次楼梯，回来后抓了一下扶手又迫不及待地分享使用感受："很方便，现在安全多了！"最后站在楼梯旁，扶着不锈钢扶手，送走安装师傅与社工。

在这个计划实施过程中，居民和我们一直在共同努力。当计划告一段落时，激动、兴奋、欣慰、感动、艰难、疲惫等情绪充满心头。目标达成离不开这些可爱的居民。我们的居民就像一朵太阳花，只要一点阳光，就会无比灿烂。他们都是有能力的，只是需要一点知识，一点时间，一点引导，一个平台，他们就是社区的主人。安全环境的需要是社区议题中的冰山一角，居民的参与回应了这个问题。但这并不是一个终点，而是一个起点，一个居民共同努力解决社区问题的起点。

爱，要及时，就在跌倒前。

第二节　城市里的农夫梦
——以种植方式开展社区工作

何冬媚

营造快乐社区，健康是其中一个很重要的元素。而健康社区由健康的人、良好的邻里关系、健康的社区环境组成，三者相互影响、相互促进。在高楼林立的城市中，如何打破人与人之间的心墙？运用哪种接地气的方式开展社区工作，让居民参与快乐社区的建设？家综从社区服务实践中了解到，社区内的绿化带较少，且缺少管理，居民的公共绿化空间很小。而在密密麻麻的居民楼之间，总会透出点点绿色。因为很多居民都喜欢在阳台和窗台挤出小小空间，种些小植物。看到社区内的这些景象，联想到若运用如此生活化的方式，或许能打破居民之间的心墙，改善邻里关系，并由此鼓励居民参与社区环境改善。北京街社区的农夫梦由此萌生！

我们有一个农夫梦，期望在土地上挥洒汗水，耕耘收获。

一　农夫梦·萌芽

种子萌芽需要阳光、空气、水、泥土、温度和养分。城市农夫就如一粒粒小种子，在北京街社区的环境下慢慢地萌芽，而我们社工就像种子需要的水和养分一样，浇灌种子，为种子提供营养，让种子茁壮成长。

1. 社区篇

还记得有长者第一次参加城市农夫小组活动时提出疑问："年轻当知青时在农村种过地，可是在寸土寸金的城市里有地种吗？"抱着各种疑问，我们与长者开始了探索。我们第一次尝试在都府中心种植，历时3个月，种植不同的植物，有花草，也有蔬菜。最后收获了不多的葱，通过长者的巧手制作出美味的葱油饼。虽然葱长得没有外面市场上的那么粗壮，但长者说："原来自己种出来的菜，味道跟市场买的不一样，两个字，好吃！"有长者自己只品尝了一小块，只为分享给其他街坊。这是一种收获的喜悦，也是一种分享的快乐。长者城市农夫的种子开始萌芽！

2. 学校篇

我们在社区有儿童的家庭中进行尝试，小农夫小组由幼儿园、小学阶段的儿童组成，最小的组员只有5岁，最大的组员有12岁。组员年龄差距大，能力和成长特点不同，小组内容较难同时满足这两组组员的需要。积累了社区种植的经验后，我们开拓了辖区内的幼儿园，并在幼儿家庭中进行生命教育，培养幼儿爱护植物

的习惯。小农夫的种子在社区和学校开始萌芽！

二　农夫梦·成长

植物的成长，总是在经历了风吹雨打之后。城市农夫种子的成长同样经历着种种考验。

1. 社区篇

长者城市农夫不单满足于在家综门口的花盆上种植，开始挖掘社区空地作为社区试验田。当长者兴致勃勃想着在社区试验田大干一场时，却因种植技术缺乏、参与种植的长者居住的地方离试验田太远而无人照顾试验田等原因停滞不前。

为了提高长者的种植技术，同时积累更多长者城市农夫的种子，我们在社区内开展了一系列种植活动，如组织长者外出参观农场、邀请种植达人交流经验及制作环保酵素等。经过一系列种植活动，喜爱种植的长者聚集在一起，由刚开始讨论种植的话题，逐渐转向讨论当季适合吃的蔬菜，以及如何可以更环保、节约地利用资源等话题。城市农夫计划慢慢吸引了附近长者的关注，逐渐开始有更多长者加入城市农夫行列。居住在附近的陈叔与其妻子主动提出帮忙照顾试验田，并与邻居江姨一起承担起种植试验田的责任。在试验田旁的健身广场上活动的长者，时常会过来看下植物，并与陈叔、江姨等聊聊家常。街坊之间不再隔着铁门对话，而是走出社区对话。

在社区治安岗的珍姐，也主动加入城市农夫行列。珍姐在其治安岗前闲置的花坛上种满了植物，有街坊经过时，她总是不亦乐乎地向他们介绍自己种植的植物。每隔一段时间，总有居民从自己家里拿一些长得茂盛的植物出来，与珍姐一起种在闲置的花坛上。

在现代化的城市里，我向往人与人之间能回到以前那种状态，邻里没事能聊聊家常，有事能互相帮个忙。城市农夫的成长不仅是为了探索在城市里如何种植，更是为了探索如何培养城市友好

邻里关系。

2. 学校篇

在幼儿大班的课室里，我问："小朋友们，你们知道萝卜是从哪里来的吗？"

小朋友回答："萝卜是从超市或市场来的。"听到这种答案后，我有些震惊。我出生于农村，小时候的玩耍对象以泥土、植物、水为主。我一时无法理解在城市生活的孩子竟对自然如此陌生。参加种植活动的家长认同种植植物对孩子是一个很好的体验，但配合程度低。有家长发现孩子的植物生长不好时，直接将花盆和植物扔在垃圾桶，这个孩子在种植小组哭得稀里哗啦。我们开始意识到家长是陪伴孩子成长最重要的人，城市农夫计划要从对家长的培养出发。我们开始与家长保持密切联系，让家长和孩子一起用图画记录植物成长。有家长在种植日记上认真地记录孩子照顾植物的情况，有家长反馈孩子跟自己的关系更加亲密了，亲子相处的时间更多了。

我们与辖区内的一所小学建立合作关系，开展小农夫种植计划，着重于进行小学生生命教育和关怀社区长者。小学生在小农夫种植计划中体验种植植物的过程，感受植物生命的力量，同时经历植物的死亡。当小学生描述心目中的长者时，大致认为长者拄着拐杖、很唠叨等，但当社区长者与小学生分享种植经验、烹饪美食后，小学生对长者的认识有所转变，不再认为长者只是行动不便、唠叨的人，而是认为长者热心分享、会照顾人等。这不仅是儿童的成长，也是城市农夫计划的成长。

三 农夫梦·开花

春暖花开的时候，我总会有一些感动。

1. 社区篇

桂花开花飘香一条街，而长者城市农夫就如桂花香一样，在社区内飘散，又在社区内聚集。

2015 年的春天，都府社区的一角飘出淡淡的桂花香。路过的街坊表示："这里变得香香的，非常赞！以前这个绿化带上堆满了建筑材料和垃圾，现在这里种上了飘香阵阵的桂花树。"社区绿化带种植，吸引了社区家庭的关注和参与。这些家庭亲手将桂花树种在自己生活的社区，用双手改变社区环境。长者城市农夫召集社区 15 个家庭，在社区绿化带种上了桂花树。这些长者因城市农夫计划集结在一起，因希望为社区环境出力发声集结在一起。

虽然有居民抱怨为什么那么多人却只能挤在一小块土地上植树，但我并不认为居民因地小而不愿意继续参与。相反，我认为这正是居民发声表达自己想法的表现，当提及在社区闲置绿化带种植需得到多方的协调时，居民也愿意站出来发声，与我们一起协调争取更多的社区土地。同时也有居民主动提出可以捐献自家种植的桂花树，表示如有需要可以将其移植到社区内种植。这就是城市农夫计划开花的感动时刻。我们曾在脑海中不断地设想心目中的社区是怎样的，心目中的社区并不一定有多齐全的配套设施，有多优美的环境，而是即使在社区各方面条件不完善的情况下，我们的居民也能认同社区，走出家门为社区贡献一分力量。

2. 学校篇

小农夫种植计划在学校尝试得到了学校的支持，截至 2015 年，我们与辖区内 3 所中小学、1 所幼儿园建立了良好的合作关系。学校是一个社区，也是一个社群。当学生从一开始为校园建立种植角到慢慢建立种植园时，种植对学校的影响也在逐渐扩大。学生描述学校时，不再是"××学校"，而是"我们学校"。城市农夫计划在学校里开花了。

四　农夫梦·结果

将种子再一次撒满土地，孕育新生命！城市农夫计划的果实也将传递下去！

1. 社区篇

印象中参与城市农夫计划的长者总是无所不能。"我最擅长砍价，购买物资的活就交给我吧。""体力劳动，锄地施肥的活由我领头。""我擅长设计，宣传板我包了。"经过各种热烈的讨论，长者城市农夫早已摩拳擦掌，准备开始新一期的植物管理活动。这是一帮热心付出的长者，这是一帮用自己实际行动发声的长者。他们不满足于植树活动的成功，而希望用他们的一腔热情，将城市农夫的种子传播出去，让更多的社区居民走出家门，为社区事务发声，为社区事务行动！

2. 学校篇

小学生、中学生城市农夫的种子已经成长、开花、结果。但我们不止步于此，我们期望能将这些学校城市农夫的果实带到更多的地方，让更多的学校和社区参与进来。

五 小结

在现代城市生活中，越来越多的土地被高楼大厦取代。有人说，鳞次栉比的高楼大厦，是城市经济繁荣的象征，体现了城市现代化的程度。而在这水泥森林里，我们却总有一种莫名的缺失感。这种缺失感不仅来自现实的水泥墙壁，还来自人与人之间的心墙。在经济社会里，匆忙的脚步和快节奏的生活，让我们慢慢遗忘了自己生活在一个什么样的环境，周围住着什么人。在农夫种子孕育、成长的过程中，居民逐渐开始留意自己生活和学习的社区，关注生活在同一社区的人，慢慢由观察留意到交流参与，最后出谋划策改善社区环境。

每个人心中都有一个农夫梦。城市农夫的果实将会变成种子，将农夫梦延续下去。

第十一章
家综运作经验

第一节　探索与耕耘：大社区的小家综之构思篇

黄结笑

2011 年是广州家庭综合服务项目发展的春天，为积极探索社区管理服务的新模式，满足社区居民的需求，提升社区综合服务的质量，广州市开展推进了家庭综合服务中心第一批试点工作。笔者作为启创的一员有幸参与作为第一批试点的家综——启创·北京街家庭综合服务中心的探索。

我们所在的家综已走过 4 年，从前期社区调研到服务设计、服务试运营，到每个阶段的落实，并根据具体的发展变化以及社区居民的需要调整工作的重心和内容，我们用心服务、积极回应，一步一个脚印走过来。其中当然少不了合作方——街道的大力支持，他们开放的心态使中心服务有一个非常大的尝试空间。

虽不能说我们的服务十分卓越，但 4 年里带动居民参与社区建设已使社区逐步有了新变化，随着居民参与社区建设积极性的提升，社区的网络慢慢开始形成。这让我们体会到政府购买社工服务对于社区管理创新的重要性与意义，启创·北京街家综为广州践行家庭综合服务提供了一个有价值的参考。

一　立足社区，源于需求——社区发展思路的萌芽

服务设计源自社区需求。2011 年我们来到北京街，在阅读了大量文献资料后，我们拜访了街道的领导和工作人员，听取了他们对社区服务的建议，我们理清了前期的调研思路：以社区资产的视角去发现这些社区本身具有的资源，以个别化的视角去发现不同区域、不同群体的不同需求和优势。

整体的调研包括走社区绘制社区地图、外展"扫楼"、在社区榕树下与街坊聊天、邀请街坊进行焦点小组访谈、周末在广场搞活动宣传。服务开展的前期条件相对艰苦，由于当时社区内还没配备活动的场地，于是我们经常"打游击"，十多个同事每人背个大书包，跑社区，掐着时间借用街道空余的办公室开会，总结和讨论方案。回想起那段日子，我们最享受的莫过于利用傍晚或者加班的时间进行社区分析总结和数据分析，每每这个时候就是我们不断迸发社区发展思路火花的精彩时刻。

经过 3 个月深入社区的调查，我们发现北京街社区本身的资源非常丰富，而且人群之间优势互补。我们将之归纳为三大类社区：公民社区、熟人社区、边缘社区。其中，第一类公民社区的特点是居民受教育程度高、经济条件好、公民意识强，存在的问题是居民的防范意识强，邻里关系淡。第二类熟人社区邻里互动强，存在的问题是人口密度大、无物管、公共资源少等。第三类社区远离中心，社区环境安静、周边资源丰富，但存在人口分布散、社区活力不足、居民社区归属感弱等问题。

从中可以看到各个社区有不同的特点，有其优越的社区条件，但也有其缺少的东西，而所缺的东西在其他类型的社区恰恰是存在的。根据访谈与观察，三种自成一体的社区之间的互动较少，缺乏相互了解与理解，因而社区本身的资源未能得到很好的发挥，也难以辐射到其他区域，起不到取长补短的作用。

二 如何介入，从何介入：推动居民参与，促进邻里互助，构建社区网络

个人成长是我们的第一个着力点，通过鼓励个人参与，促进个人对自身成长的关注，个人成长会带来个人与个人之间、不同群体之间的互相学习、互相帮助，从而推动整个社区的发展。在这个过程中，个人、群体都在成长，我们进行了有意识的领袖挖掘和培育。领袖的出现带动了不同居民积极参与社区事务，促进了地区的发展，这是一个循序渐进的过程。

为什么幸福种子会成为推动社区发展的核心呢？因为北京街部分区域有一种很好的邻里互助精神，有非常好的义工资源，是引起不同群体发生互动的好媒介，但目前这个精神就像一颗种子，缺乏土壤让其生根与发芽，社工的介入无疑促进了其生根发芽，因而我们有一句话："让幸福种子发芽，让互助精神传递。"

如何让种子发芽生长？邻里互助精神的种子需要埋在居民对"社区人"身份认同的土壤中才能生长。我们看到居民对政府体制的依赖，也看到居民对社区和对其他居民的影响，我们意识到推动社区发展是十分必要的。在本区生活的长者很多，当中大部分长者处于空巢状态。调查显示，居民在有困难的时候找政府的比例是最高的（接近50%），比找亲戚的比例（35%）还高，而居民找街坊邻里帮助或者是找其他专业人群帮助的比例都非常低，不到10%。在民众的眼中，政府就像一座有力的靠山，可信任、有资源。但这同时也凸显了一个问题，即居民没有建立"社区人"的身份，社区本身具有的资源和自我解决问题的能力并没有得到充分的挖掘，居民之间的互助网络和资源优势的互补网络并没有形成。这不但增加了政府在社区管理上的压力，同时也折射出社区支持网络的不足，居民、商界、社会组织、政府未能很好地共力。建立居民"社区人"的身份便成为我们选择社区发展思路的萌芽。

在那段时间，我们常常反思我们将以何种角色进入社区，我们将与居民一起经历什么。经过不断的反思，我们深刻地意识到在家综的发展中，社工除了承担社会服务提供者的角色，更需要通过引导社区成员进行社区参与，激发其对社区的认同感和归属感，即以"社会人"的打造作为基本假设，不同服务均以社区网络发展、邻里互助为长期目标，实现社区参与的整合功能，改变弱势群体以往面对困难被动地向外寻求帮助的状态，构建整个社区内部居民之间的社会支持网络。

三　以正向心理学为服务做支撑

正向心理学强调预防胜于治疗。同时最重要的一点是，正向心理学强调每个人都有追求快乐生活的能力，这与我们构建快乐社区的目标不谋而合。于是我们在众多社工理论之中选择了比较符合目标的一种理论作为支撑，即正向心理学。希望把"快乐七式"的方法作为服务的蓝本，达到激发个人快乐因子、塑造"快乐家庭"、共建"快乐社区"的目标。

2013年随着服务发展，我们将促进居民参与、推动居民互助、建构快乐社区的服务愿景进行细化，同时这也是家综的长期服务目标：提升居民的社区参与感，建设安全、健康的快乐社区。

何为快乐社区？我们希望的快乐生活是怎样的？

首先，社区由社区环境（安全、健康的环境）、文化（社区本土独特的文化，如雅荷塘的市井文化）、社区最基础的单位（个人及家庭）组成。这三者相互影响、相互促进，社区中有健康安全的环境，有紧密的邻里关系，那么生活在这个社区的个人、家庭就是快乐的。个人、家庭快乐、积极地参与社区事务，他们对社区的归属感、认同感就高。

四　总结与反思

1. 发展思路和理念的落地

回顾过去4年，中心坚持把社区发展思路和正向理念作为中心发展强有力的支持和指引，社区发展思路得到良好的实践和发展。

而在整个发展框架搭建的过程中，除了有资深督导的专业支持，中心还十分注重全体同事的参与。

在以往的服务中，经常听到很多同行抱怨，服务与服务间设计松散，缺乏整体服务思维。

而我深信，服务的落实推进，需要全体同事的参与。"有怎样的一群人，就会有怎样的服务。"同事如何理解中心的发展思路和服务理念将影响服务质量，只有全部同事都理解服务思路，清楚自己手头所开展的服务在达到社区整体发展目标中的意义，才能更好地推行服务。故在 4 年的服务中，除了保持原有的发展思路外，我们还邀请全体工作人员参与中心发展检讨和年度发展方向的讨论，细化发展方向。2013 年细化中心的发展方向、树立服务愿景就是一个很好的例子。通过正向心理学，把"快乐七式"贯穿整个服务，提出快乐个人、快乐参与、快乐社区等概念，推动居民参与和付出，回应社区需要。同时这也是让新加入团队的同事快速了解并融入进来的好机会。

2. 发展挑战

在过去 4 年中，家综重点发展居民参与，提升居民的社区主人意识，其中青年人、长者参与尤为明显，下一步需要通过他们促进社区不同企业、单位及在职人士的参与，调动社区不同的资源参与社区服务。

第二节　探索与耕耘：大社区的小家综之服务篇

黄结笑

一　项目方案设定与服务开展

1. 服务介入第一年（2011 年）：培育居民个人兴趣，奠定居民关系基础

确定服务思路后，家综开始进行第一年的服务。以中心为基

地，通过长者"康健乐颐年"计划、青少年青春梦工场计划、家庭服务的兴趣学堂计划，开展各类发展性活动，吸引不同人参与，发展他们的兴趣，提升他们的自我能力，使他们从中获得成功感，并在过程中发现群体的特点，识别需要帮助的人士。当中大部分活动设计以生活化为出发点，如手工班、美食班、舞蹈班等。第一年的服务可以说开了一个很好的头，中心成了居民的落脚点。记得有一次，一位70多岁情绪一直抑郁的长者在家综参与活动后拉着我激动地说："参与活动后我感觉很开心，在中心认识朋友、参与不同的活动让我忘掉了过去的艰辛和不开心，如果我早10年认识你们，那就更好了，我就天天跟着你们，做义工。中心往后有需要记得告诉我。"而他旁边的朋友说："你也影响了我们，我们也喜欢跟你一起参与活动。"听着他们之间的对话，我心头一热，我想同事们又何尝不是如此呢！

说实话，第一年我们是在磕磕碰碰摸着石头过河，一个由年轻人组成的年轻团队探索着综合服务，但看到服务受到认可，尤其是得到服务对象的反馈，大家心里便有了极大的满足感。

2. 服务介入第二年（2012年）：着力进行热心居民骨干的培育，让他们乐意在群体内分享、互助

在此阶段，我们以关注他人、关注社区为发展策略，把服务推进到第二类型的社区，即前面提及的公民社区。以义工服务及支援性服务为契机，创建义工服务平台，吸引两个区域的居民参与，让不同区域的居民有更多机会与其他群体接触、交流，提高社区参与度，传递快乐正能量。

在提升长者的社区互助参与方面，长者从被动地参与家综服务，转变为主动参与服务，有些甚至主动参与设计服务。让退休后的长者作为中心的活动助理、讲师等，继续发挥所长，参与社区互动事务，继续提升自我价值。

在发动青少年参与的过程中，以青少年为主体，参与社区的服务，共同参与组织活动。青少年通过参与增强了自身对社区的

归属感，不但收获了自信，而且还为社区的建设贡献了年轻的力量。

3. 服务介入第三年（2013年）：居民关注社区、关注公共事务，尝试三方（居民、街道、社工）讨论解决社区问题

家综在发展的第三年，我们开始思考除了基础服务，如何让居民更多参与到社区建设中来。2013年7月，中心的社工推出了城市农夫计划，邀请对种植感兴趣的长者一起参与到阳台种植中，通过"有机种植与共建健康家庭和社区"的议题，增加了初次认识的居民的联系和互助。该活动鼓励街坊亲身实践，尝试做一个快乐的城市农夫，分享城市种植的可能和好处。倡导社区居民一起关注身边的生活环境，让社区多一点点绿，让生活多一份健康，同时体验生命成长历程，关注生活，关注生命。城市农夫计划在社区内开展的过程中，吸引了众多街坊关注，并且有街坊向社工提议美化社区广场的绿化带，在社工的带动下，居民开始思考如何与居委会一起共同管理社区绿化。

居民通过种植开始真正关注社区环境，部分居民开始站出来一起商讨如何美化社区绿化带，这是培养居民参与社区管理的意识和能力的好势头，居民原来松散的社区关系在不断推动中慢慢变得紧密。

回顾前3年服务的发展历程，从第一年鼓励居民关注个人发展（提升自己）到关注身边的朋友（帮助身边的人）到关注社区（群体）的事务。第三年我们成立了健康服务队，健康服务队关注社区公共健康的议题并鼓励街坊做"社区的主人"，尝试为自己的社区做些事情。

4. 服务介入第四年：有策略地培育社区居民解决社区公共问题

在前三年服务的基础上，2013～2014年中心通过推出4个议题，与居民一起商量社区建设，例如，青年人与长者一起推动关照长者家居安全公房改造倡议计划，"义彩童年"儿童关照长者计划，万事屋——青年人关照长者圆梦计划，关爱长者送汤特工队

等，在前面的案例中均有详细分享，这里将不一一阐述。第四年
最让我们感到兴奋的不仅是社工掌握倡导多方合作的经验，最重
要的是让一些参与的街坊也开始有了意识，并收获了多方行动建
设社区的经验。我们相信当社区再次遇到这样的问题时，居民看
到其他社区居民的需要，往后他们会有意识、有经验地寻找社区
人甚至商界一起参与。

二　挑战与发展

1. 何为综合服务

关于综合服务发展，相信很多同行都有同感。何为综合服务，
如何找到综合服务的重点？在过去4年的探索中，我们很注意服务
提供的综合性，有社区发展的意识。这种综合不是将各种服务放
在一起，而是在服务提供的过程中，充分运用社工资源整合者的
角色，将不同服务对象的需求串联起来，促进社区各阶层、各群
体、各个人的相互服务、相互支援。每年的端午节包粽子活动就
是一个很好的例子，长者和妇女发挥他们在传统美食制作上的优
势，教青少年包粽子，青少年发挥他们好学、勇于尝试的精神，
将一部分包好的粽子义卖，并用义卖的钱去买一些时令水果加上
亲手包的粽子送给一些有困难的家庭和行动不便的残障人士。

家综服务项目是一个整体，每个部分的努力是为了实现不同
阶段的目标，以促进最终长期目标的实现。

本书与大家分享过去4年的一些成效和经验，接下来我们的目
标是：促进更多社区居民成为社区的协助者甚至是推动者。

2. 社工的培育，持续专业督导及培训学习助力

接下来讨论人才。家综项目的运作离不开社工的参与。面对
一群年纪轻轻、涉世未深的社工，如何督促他们去推动居民一起
参与社区服务？在过去几年中，除了注重整理服务发展规划外，
家综也十分重视提升社工能力、保证服务质量。

机构在专业素质培养中给予中心很大的支持，在服务督导方

面专门请香港有 20 多年前线经验的尹督导为中心 4 个队伍提供督导，包括团队个案会议、活动程序设计会议、每季度服务推进设计及检讨会议。在此十分感谢尹督导不辞劳苦，每周港粤两地跑。大家也十分珍惜和督导相处的时间和机会，经常下班后还拉着督导共同讨论社区的情况，并修改发展方案，以使服务可以不断地持续地得到改善，贴合社区的需要。

形成积极的学习氛围。对于毕业不久、涉世未深的社工来说，要成为家综个案、小组、社区发展多面手，确实是一个不小的挑战。他们一边需要快速掌握社区基本情况，了解社区文化，厘清居民关系，掌握社会规则，另一边又需要消化在学校内学习的理论并融进目前的实际服务中。为了促进大家的成长，在督导的带领帮助下，家综每个团队建立学习小组，每月均召开读书分享会。形式并不复杂，鼓励团队共同读一本书，其中比较重要的是要结合目前的服务进行反思讨论，有时也会把书上的方法进行现场模拟以更好地理解。4 年读下来的图书类型包括：个案工作类、群体发展类（青少年、长者、儿童等）、社区工作及工作技巧类等。分享让大家更好地消化概念，并将概念本土化，在实践中修订、再实践。目前家综已形成这样的学习氛围，在读书分享过程中激发出一些不错的社区发展计划。

专业化的培训激发社区发展的专业思维。虽说广州家综发展已有几年，但是家综发展依然处于探索积累阶段。目前大部分家综社工的特点是单一化、年轻化，这必然容易形成工作思维、工作视角单一化。社区发展需要多专业合作，这是家综发展的一个挑战。如何避免闭门造车这个问题？2013～2014 年，机构给予中心较大的构思空间，以使中心可以较自主地安排培训课程。除了鼓励大家参与社工三大工作方法的培训外，更鼓励大家创新，开阔视野，激发多元创新的思维。比如针对建立更好的亲子互动关系，我们鼓励学习"自由游戏"，通过学习融合，后来家庭儿童服务小组推出"优质亲子一小时计划"。

3. 发展展望

经过 4 年的发展，家综首先选择培育青少年和长者组织，用青少年、长者影响其他社区居民，他们是社区"活力"和"智慧"的代表群体，又是最容易、最愿意把自己的时间投入社区的一群人。因此家综鼓励社区内的长者和青少年形成互助组织，学会观察分析社区问题及需要，通过合理的方式表达自己的意见，并通过自身行动呼吁其他群体参与。下一步我们需要努力的方向是利用朋辈正向影响功能逐渐扩大影响，拓展社区拥有资源的群体，吸引更多在职人士加入，动员更多社区内的企业，推行公益服务，回应社区需求。让社区内的资源可以顺应社区需要更快、更有效地对接。同时形成北京街传统互助文化，扩大其在社区及社会上的影响，让更多人参与其中，改善社区氛围。

路漫漫其修远兮，吾将上下而求索。

4 年的服务在一步一个脚印的推行中，使参与家综活动的儿童、青少年得到成长，使家庭关系得到改善，使退休人士找到发挥自己能力的平台，使居家长者得到关怀，使居民间的关系由疏离逐渐变得紧密，使服务得到居民及行业的认可，而在过去连续三年半的服务项目评估中均被评为优秀，这一切让我们深感欣慰。同时我们看到服务中依然有很多可以完善的地方，我们期望可以鼓励更多力量加入改变的行列中。

回顾与致谢

　　广州市启创·北京街家庭综合服务项目成效报告已顺利完成，在此，我谨代表广州市启创社会工作服务中心课题组向所有支持、推进本课题调研及本书出版的伙伴表示最诚挚的感谢！

　　早在 2014 年初，启创就开始筹划对机构在广州承接的唯一一个家庭综合服务项目——北京街家庭综合服务中心进行服务成效报告。作为政府购买家庭综合服务的试点之一，启创·北京街家综已经伴随着在全国领跑的广州市社工行业走过了最初探索的几年。就机构自身而言，我们觉得有必要回头看看这个以社区营造为目标理念的家综是否实现了自身的初衷。另外，作为一个致力于推动南方社会服务发展的机构，启创一直在努力地探索有效的社会服务模式，希望通过每一次服务的探索与总结，向行业交流和分享经验，让同行者、后来者能够有所参考、借鉴，少走弯路，从而服务更多的人。

　　本书得以出版，首先要感谢北京街街道办对我们服务的肯定以及北京街居民对中心的支持。在筹备期间，北京街街道办的工作人员很乐意地与我们分享了他们与中心合作的点滴以及对我们服务以及服务团队的评价和建议，我们也邀请了与本家综接触过的服务对象与合作方来分享他们与家综接触的体验，对家综的服务给予评价及对未来家综的服务发展予以指引。还有广东狮子会好敬服务队以及一些居民义工无私地分享了他们的感受和知识。没有他们的参与，这本书只能算是一本工作报告。启创·北京街家综能在社区扎根，正是依赖于这些在北京街辖区内工作和生活的人，他们是了解社区、关心社区和真正参与社区公共事务的人士，尤其是这些居民义工，即使是在访谈之中，他们也表现出宽容和参与的公民美德，正是这些积极的小伙伴给了启创·北京街家综在社区发展的道路上走得更远的信心。

另外，本书之所以能够编辑成册，还要感谢本书的兼职研究员陈安娜，以及启创·北京街家综服务团队的小伙伴们。本书的所有内容都基于服务团队过去几年积累的材料、经验总结以及感受，并在研究员的协助下总结汇编。而参与服务案例撰写的作者，大多是在本社区有 2 年及以上服务经验的社工，他们不仅有服务经验，而且对这个社区有深厚的感情，尽管理论提炼未必足够，但他们用真诚、原始的笔触向读者分享了自己的工作，相信这些分享将如同星星之火，点燃更多前线社工的社区情怀。

"与城市同步成长"是广州启创的服务理念，一个社区里居民鲜活的日常生活、真实百态的基层社会和小小社工的坚韧成长，均是人与环境的互动，就让我们的社工和居民一同怀抱对快乐生活、快乐社区的期盼，继续在社区慢慢地成长。期待未来几年社区继续带给我们更多的惊喜。

董沛兴

启创社会工作服务中心广州地区主任

2015 年 8 月 4 日

图书在版编目(CIP)数据

快乐社区营造：广州市启创·北京街家庭综合服务成效报告/
罗观翠主编.—北京：社会科学文献出版社,2015.10
　　(中山大学社会工作实务系列)
　　ISBN 978 - 7 - 5097 - 8131 - 9

　　Ⅰ.①快… Ⅱ.①罗… Ⅲ.①社区服务 - 家政服务 - 服务
业 - 研究报告 - 广州市 Ⅳ.①F719.9

　　中国版本图书馆 CIP 数据核字（2015）第 232808 号

中山大学社会工作实务系列
快乐社区营造
——广州市启创·北京街家庭综合服务成效报告

主　　编／罗观翠

出 版 人／谢寿光
项目统筹／周　丽　颜林柯
责任编辑／颜林柯

出　　版／社会科学文献出版社·经济与管理出版分社(010)59367226
　　　　　　地址：北京市北三环中路甲 29 号院华龙大厦　邮编：100029
　　　　　　网址：www.ssap.com.cn
发　　行／市场营销中心（010）59367081　59367090
　　　　　　读者服务中心（010）59367028
印　　装／三河市尚艺印装有限公司

规　　格／开　本：787mm × 1092mm　1/16
　　　　　　印　张：11.75　字　数：152 千字
版　　次／2015 年 10 月第 1 版　2015 年 10 月第 1 次印刷
书　　号／ISBN 978 - 7 - 5097 - 8131 - 9
定　　价／69.00 元